当
卡夫卡
迎面
走来……

Franz Kafka

一本回忆录

〔德〕汉斯－格尔德·科赫
Hans-Gerd Koch
编

强朝晖
译

社会科学文献出版社
SOCIAL SCIENCES ACADEMIC PRESS (CHINA)

ALS KAFKA

MIR ENTGEGENKAM...

ERINNERUNGEN

AN

FRANZ KAFKA

他的每一个字

都像是在对抗遗忘，

每一个故事都在

挑战时间的流逝

目　录

前　言 / *001*

弗朗茨·卡夫卡去世了　　　　　费利克斯·韦尔奇 / *001*

"我也叫弗朗茨。"　　　　　弗朗齐歇克·巴斯克 / *004*

小学和中学时光　　　　　　　　胡戈·贝格曼 / *011*

与卡夫卡同窗十二载　　　　　　胡戈·赫希特 / *024*

一位同窗的回忆　　　　　　　兹登科·瓦内克 / *037*

老城文理中学的八年时光　　　埃米尔·乌提茨 / *039*

青年卡夫卡　　　　　利奥波德·B.克莱特纳 / *045*

在卡夫卡家做保姆　　　　　安娜·普察洛娃 / *052*

与尼采相伴的私密时光　　　　瑟尔玛·科恩 / *063*

回顾一段友谊　　　　　　　　奥斯卡·鲍姆 / *065*

友人卡夫卡　　　　　　　　费利克斯·韦尔奇 / *070*

与卡夫卡的电梯对话　　　安娜·利希滕斯特恩 / *074*

布拉格的青春岁月　　　　　　　威利·哈斯 / *077*

卡夫卡与无政府主义者　　　　米哈尔·马雷什 / *081*

同事卡夫卡　　　　　　　阿洛依斯·居特林 / *088*

与卡夫卡共事的时光　　　　V.K.克罗夫塔 / *093*

作者弗朗茨·卡夫卡　　　　　库尔特·沃尔夫 / *097*

卡夫卡与布拉格文学圈　　　　鲁道夫·福克斯 / *106*

孩童之间　　　　　　　　　　爱丽丝·索默尔 / *111*

战争爆发时的偶遇　　　　　　　　　　　恩斯特·波佩尔 / **113**

"男友"卡夫卡　　　　　　　　　　　　　奈莉·恩格尔 / **118**

与卡夫卡一起观看歌剧《卡门》　　格尔特鲁德·乌尔齐迪尔 / **125**

卡夫卡与蒂伯格一家　　　　　　　　弗里德里希·蒂伯格 / **128**

忆卡夫卡二三事　　　　　　　　　　伊日·莫迪凯·兰格 / **135**

与弗朗茨·卡夫卡共度的夜晚　　　　　　　欧根·蒙特 / **139**

与卡夫卡一起散步　　　　　　　　　　马克斯·普尔弗 / **141**

卡夫卡与艺术　　　　　　　　　　弗里德里希·费格尔 / **147**

与卡夫卡一起上希伯来语课　　　　　　玛丽亚姆·辛格 / **151**

卡夫卡在什莱森　　　　　　　　　　　　朵拉·格里特 / **155**

"您为什么不放过那只可怜的苍蝇？"　　赫尔米娜·贝克 / **158**

与卡夫卡的对话　　　　　　　　　　古斯塔夫·雅诺施 / **161**

与卡夫卡在马特里阿尼　　　　　　罗伯特·克罗普施托克 / **165**

与弗朗茨·卡夫卡共度的两个夜晚　　　　弗雷德·贝伦斯 / **170**

与卡夫卡的最后一次会面　　　阿尔弗雷德·沃尔芬斯泰因 / **175**

我是卡夫卡的希伯来语老师　　普阿·门策尔－本－托维姆 / **179**

"听见没，蒂勒，那个坏蛋叫弗朗茨。"　　蒂勒·瑞斯勒 / **182**

我与弗朗茨·卡夫卡在一起的生活　　　朵拉·迪亚曼特 / **198**

1923 年与卡夫卡在柏林街头的偶遇　　　拉乌尔·豪斯曼 / **210**

去卡夫卡家出诊的一次经历　　　　　路德维希·内尔肯 / **216**

作者和他的朗读者　　　　　　　　　路德维希·哈尔特 / **218**

最后的日子　　　　　　　　　　　　　　威利·哈斯 / **224**

弗朗茨·卡夫卡（悼文）　　　　　　　鲁道夫·凯泽尔 / **227**

回忆我的舅舅　　　　　　　　　　　格尔蒂·考夫曼 / **229**

生前回忆　　　　　　　　　密伦娜·耶森斯卡 / 233

个人点滴　　　　　　　　　　马克斯·布罗德 / 236

文献名称缩写 / 240

注　释 / 242

前　言

一个擅长讲故事的人是拥有出色记忆力的人，
而且希望别人没有。

——欧文·S.科布 ①

回忆却突然浮现在我的脑海。

——马塞尔·普鲁斯特，《在斯万家那边》

　　对后世而言，当一位作家其人被其作品的光芒所遮蔽时，人们很难对这个人物的真实形象获得充分的认识。卡夫卡即如此。他的作品在他过世后很久才逐渐被大众接受，这导致对其作品的解释在这一过程中不断发生变化，而且这些解释往往都是迎合了每个时代的最新趋势。不过，随着这些各执一词的观点日积月累，最终使这样一副形象变得顺理成章：弗朗茨·卡夫卡，一个性格内向、被生活境遇所困的作家，一位神秘的文学家，一个对黑暗荒诞、被匿名官僚体制所掌控的世界拥有清醒认识的先知。仅仅他的名字和由此衍生出的"卡夫卡式"这一形容词便足已唤起这类刻板印象，而且是在全世界范围内。

---

① 欧文·什鲁斯伯里·科布（Irvin Shrewsbury Cobb，1876~1944），美国作家、编辑和专栏作家，曾长期为《纽约世界报》（*New York World*）撰文，是当时美国薪资最高的新闻记者。本书全部脚注均为译者所加。

一个艺术形象由此诞生，它与那些见过卡夫卡的同时代人记忆中的形象相去甚远。

各种传记类文字依靠对生平数据和经历的罗列，再加上心理学角度的分析，几乎不可能达成还原卡夫卡真实形象的目标，哪怕这一切都是建立在严谨细致的考证基础上；相比之下，那些从直接的个人经验出发、对卡夫卡其人所做出的描述，却能够轻松地做到这一点，尽管在这些描述中时常夹杂着一些彼此矛盾（甚至不乏错误）的感受和认知。

在与卡夫卡关系亲密或只是萍水相逢的大部分人的记忆中，前者占据着特殊的位置。因此，很多人在后来的岁月里感觉自己身为作家的朋友，有义务通过自己的回忆来纠正第三方事后所召唤出的形象；还有的人在卡夫卡去世数十年后，作为那个时代的最后幸存者，迫于环境的压力，不得不去追忆那些早已逝去的久远往事。另外，还有一些人几乎不加掩饰地想要挤到聚光灯下，而聚光灯所瞄准的对象，是早已淡出记忆的一位故交——读者可以轻而易举地辨认出他们。时光的距离有时会导致不准确甚或不符合事实的描述；某些"回忆"之所以被唤醒，或许只是因为这位布拉格保险局职员和作家在1945年之后迅速攀升、令同时代人惊讶不已的名望，然而从本质上讲，这些回忆至少可以追溯到某个实际发生过的事件。它们有可能相互矛盾、相互补充或相互纠正，然而到最后，所有这一切都将为重构接近真实的卡夫卡形象提供帮助。正如卡夫卡所说，只有在（谎言的）合唱中才存在某种真理。

在挑选本书收录的回忆文章时，我们放弃了以下类型的文章：有些作者虽然与卡夫卡相识或有过交集，但更多是把叙述重点放在回忆者本人而非卡夫卡身上；还有些文章对传记数据的整理过于混乱，从而导致前后不一，或有着明显的虚构色彩。另外，还有那些已经单独成册的回忆录和传记，我们也没

有收录进来，只有古斯塔夫·雅诺施和马克斯·布罗德的两篇
文章属于例外。本着以卡夫卡作为核心角色的原则，我们对一
些文章进行了删减或压缩，并在注释中注明了原文的出处。文
章顺序是按照卡夫卡生平年代进行排列，只有两篇除外：一个
是全书末尾的马克斯·布罗德的回忆，身为卡夫卡的密友和文
学作品的经纪人，他在文中不仅描写了卡夫卡的外在特征，而
且还从个人视角出发，对其他回忆文章中的某些内容进行了修
正。另外，我们选择了卡夫卡好友费利克斯·韦尔奇的悼文作
为开篇，在刚刚得知卡夫卡死讯后不久写成的这篇文字中，作
者用简短凝练的语言描述了卡夫卡独特的个性，并以此勾勒出
一幅极具个人特色的作家画像。

　　在 1995 年初版的基础上，我们又增加了七篇文章。这些
文章大多是记录了回忆者在经历漫长坎坷的一生后留在记忆中
的若干瞬间印象。但有一篇文章则非常特别，它是在卡夫卡生
前写成的，因为它的特殊性而最初被我们排除在外：密伦娜·
耶森斯卡在卡夫卡去世三年之前，从两人暧昧的情感关系的角
度，描写了对作家的个人印象。此外，我们还对原来的一篇文
章进行了调整：我们把他人转述的蒂勒·瑞斯勒的回忆，换成
了一篇后来发表的、由其本人书写的细节生动的回忆文章。

　　感谢亚娜·祖布科娃（Jana Zoubková，布拉格）在本书
编写过程中提供的帮助。

弗朗茨·卡夫卡去世了

费利克斯·韦尔奇[1] 的悼文

6月3日午时前后，弗朗茨·卡夫卡在维也纳郊外的基尔林疗养院病逝。几周以来，他的朋友们早就清楚，从医学的角度讲，他的病况已然到了无药可救的地步。但是，由于每个人内心都暗藏着符合人性而不顾医学常识的一线希望，所以卡夫卡的死讯还是来得让人猝不及防，哀恸不已。弗朗茨·卡夫卡以四十一岁的年纪离开了人世。他是一个拥有超凡细腻的情感和水晶般澄澈心灵的人，一位声名有待后世见证的作家，一个与犹太文化血脉相连的犹太人，一名热忱的犹太复国主义者。

他创作的作品并不多，总共出版了六本书，部头都不大：《观察》、《审判》、《司炉》、《变形记》、《在流放地》和《乡村医生》。第七本业已付梓。此外，还有几篇小说散见于报纸和杂志。这些作品数量寥寥，但品质却令人仰止。因为卡夫卡写下的一切无不尽善尽美，无可指摘，简直堪称极品。

身为作家，卡夫卡得到了每一个拥有判断力的人的赞誉；作为人，他受到了所有与其相识的人的爱戴。尽管文学界到处充斥着指责和嫉妒，可卡夫卡却得以幸免；不论人与人之间有多少仇恨，从没有人把卡夫卡当作仇恨的对象。

他对别人也从没有仇恨和排斥。他拥有严苛的判断力，却总能在每个人身上发现各自的优点。唯独对待自己，其严厉近乎刻薄。他发表的每一篇东西几乎都是被他的朋友，尤其是马克斯·布罗德，从他手中强行夺走。

和他的作品一样，他的创作过程也是处处透着天赋。他的写作皆是受灵感的指引，虽然他自己从不承认。他的小说《审判》只花了一个晚上，在没有草稿和修改的情况下一气呵成。正因为如此，他的作品数量不多，而且动辄便搁笔数年。只有臻于完美的作品才会出版成书。

卡夫卡在他的作品中构建了一种新的现实，一种新的独特意境，比我们所处的现实更纯粹，更冷酷，更刻薄。而它又是我们自身"现实"的映像与表现，由一位"观察"天才以前所未闻的方式重新塑造。并非每个人都能轻易地进入这个新世界。在局外人眼里，这个世界给人的印象是怪诞和无意义的。但是，总有一座桥，一个入口，向每个人敞开：这便是它的形式，确切地讲，是语言的节奏和韵律，是语句中无与伦比的美妙结构。这一切让读者，特别是有幸亲耳听到卡夫卡朗诵的人，不由自主地被其魅力所吸引。

他的语言纯净而统一，他的风格富有节奏和韵律。正是这种逻辑与音乐的奇妙融合，构成了其语言的魔力。

弗朗茨·卡夫卡是公认的德语语言大师之一。然而，用这种语言书写的灵魂却是个彻头彻尾的犹太人。他的窘迫、困境和坚持，都与其犹太人的属性相关。今后还会有更多机会，让我们不断去发现这位用德语写作的伟大的西方犹太作家与犹太文化的内在联系。的确，卡夫卡在意识里日渐强烈地受到犹太文化的吸引。他早在多年前便已成为一名犹太复国主义者，对巴勒斯坦以及与建国相关的一切都充满兴趣。他学习希伯来语已有数年，在长达几个月的时间里，这曾是他唯一的日常活动。在去世前的最后几年，他开始越来越具体地考虑移居巴勒斯坦一事。

在此不妨一提的是，他是多么喜爱《自卫》(*Selbstwehr*)这份刊物，又是多么频繁地向我们推荐它，和我们一起关注它。就在六周前，当我去基尔林探望他时，他还屡屡提醒我不要忘记他的新地址，要确保杂志能够准确寄到。在他第一次没能看到的这一期里，刊登着他的照片和他去世的讣告……

　　从表面看，卡夫卡过着一种井然有序、安稳而有保障的生活。然而他的内心却总是充满了困惑和烦扰。他始终都无法与生活达成和解。六年前，他患上了肺病。在那之后，病情时好时坏，最终击垮了他。死亡于他是一种恩赦。他安详地离开了人世，直到临终，头脑依然清晰，而且从未放弃希望。在最后几周里，有两个人一直以无尽的爱意照料着他。对二人而言，卡夫卡就是他们的一切。

12

"我也叫弗朗茨。"

弗朗齐歇克·巴斯克[2]

　　那天下午，当这个年龄约莫十岁的小男孩随着母亲出现在店里时，弗朗茨几乎没有注意到他。他拖着步子，神色腼腆地向弗朗茨走了过来。他是卡夫卡家的儿子。

　　他走到弗朗茨跟前说："你是新来的学徒弗朗茨，对吧？我也叫弗朗茨。"弗朗茨很开心能有机会和人说话。他微笑地看着这位模样友善的男孩，然后两人攀谈起来。他得知对方在

年约十岁的卡夫卡与妹妹瓦莉（左）和艾莉

策尔特纳街 3 号，"三王楼"，卡夫卡一家于 1892 年至 1907 年期间在这里居住。

一所德语学校上学——当然，卡夫卡一家和所有犹太人一样，自认为是德意志人；最起码，他们在任何情况下都与德意志人站在一道，对捷克人抱着俯视的态度，虽然他们自己也讲一口流利的捷克语——于是，他就这样和男孩聊着天，这至少能让他稍稍忘记身体的疲惫。

一天上午，当卡夫卡家的弗朗茨从学校回家后，卡夫卡太太找到店员弗朗茨，然后告诉他，她的儿子在学校学习捷克语时遇到了困难，所以想请他给儿子补补课。同时，她还说好让他们在公寓楼的楼上学习，每天下午至少一小时，然后再一起散步一小时。她让他们今天就马上开始，作为奖励，他每次会得到一份下午茶，另外每个月还有三个古尔登作为额外报酬。

这简直太棒了！当他听说自己可以每天在店铺和库房里少干两个小时的活儿，还能够和小卡夫卡一起轻松愉快地学习，

15　不仅每天都能得到一杯上好的咖啡和一只牛角面包（也许甚至是两只？），而且每个月还能得到一份和学徒工资一般多的酬劳时，他开心得差点儿叫出声来。其实，卡夫卡一家完全可以把这项新的职责交给他，而不必额外付钱，那他也一样会感到高兴。对上课的事他一点儿也不害怕，他相信自己一定可以轻松应对。毕竟，他以前便偶尔会替小学不同班级的老师上一两节课，甚至包括校长本人，比如当校长要去政府机关办事，或料理其他事情时。

　　他谢过卡夫卡太太，然后两人又商定，每天下午四点，在小卡夫卡放学后，他便开始陪伴他，一直到晚上六点。谈话结束后，他重新回到店铺后面的库房，继续工作。

　　时光飞逝。每天下午四点，卡夫卡家的弗朗茨都来找他，和他一起到楼上上课。他在那里会得到一杯美味的咖啡和一只牛角面包（有时是两只），然后两人开始学习。他努力指导小卡夫卡借助教材掌握捷克语的语法和特性。五点之后，他们动身出门去散步，途中他们会在店里遇见老板娘，她每次都塞给儿子一角钱，让两人在路上买零食吃。每次卡夫卡都会主动分一些给弗朗茨，虽然未必是一半一半。他们通常都不着急回家，只有星期四除外，因为弗朗茨要准时赶去夜校上课。

　　一年夏天，天气很炎热。卡夫卡太太带着孩子们和女佣去郊外避暑，这次去的地方是日恰尼。弗朗茨也被带上，在那边待了两个星期。当他告诉家人，卡夫卡一家邀请他一起去避暑时，全家人既感到惊喜，又有些受宠若惊。有谁听说过，老板会邀请学徒和自家孩子一同外出避暑呢？！更何况老板是犹太人，而他却是基督徒的儿子。

　　在日恰尼的那些日子，他过得如神仙一般。他和卡夫卡家的弗朗茨一起住在一个单独的小房间里，整天吃吃喝喝，然后一起在森林和花园里玩耍。他多么希望能够再多待一些时日，可是他必须赶回去，把店铺里落下的活计补上。这个假期他过得非常开心，虽然时间不长，但整日无忧无虑，更何况还有丰盛的美食佳肴可以享用。

一天，他偶然拿到了一本关于性生活的书。他对书中的内容一窍不通，可这更加激发了他的好奇心。这本书显然是为有经验的成年人和已婚夫妻写的，其中包含了许多生僻词和医学术语，对一个年轻人，甚至还是一个青涩少年的弗朗茨来说，很难提供多少启蒙。不过，书中的一些神秘暗示，则引发了他对未知事物的各种猜测。他根本不敢拿着这样一本书去找成年人为他解释，所以他在性生活的重要问题上仍然是一无所知。

在这本书的后记中有一段话，表达了婚姻与单身生活相比更高尚的观点，并以大概这样一句话作为总结：在人的一生中，没有比美满的婚姻生活更美好的事情了。从此，这句话便不自觉地印在了弗朗茨的脑海中。

假期过去了，卡夫卡家的孩子们和母亲、安娜太太以及厨娘一起回到了布拉格。学校开学了，公寓楼上的捷克语课也重新恢复，还有和往常一样的课后散步，与九月明媚的秋色相伴。两个男孩一路聊着各种各样的事情，因为弗朗茨已经十六岁，与十二岁的卡夫卡相比，显得更有学问，也更有经验。和这个年龄的孩子一样，他努力让自己在同伴面前表现得更聪明，更懂事，俨然就是老师和严肃的大人。一天，他们站在弗朗茨·约瑟夫火车站下方的公园里，看着五颜六色的鸭子和高傲的天鹅在池塘里游来游去，这时候，卡夫卡家的弗朗茨说道：

"你知道吗，弗朗茨，这个小小的池塘，这些岩石、瀑布和花朵，还有鱼儿、鸭子和天鹅，我都太喜欢了，它们真的很

城市公园，背景是弗朗茨·约瑟夫火车站

美。"弗朗茨兴奋地表示赞同，接下来，两人以不同类型的美以及世间美好之物为主题，展开了一场对话。他们开始想象和美有关的各种例子，并围绕"美丽"和"美好"两个词开始了一场热火朝天的比赛，直到小卡夫卡认为自己找到了最美之物的例子，然后露出一副得意的表情，大声说道：

"最美好的是友谊！"他大概是在某个地方听到过这句话，或者是在某本青少年读物中读到过，因为弗朗茨知道，这个男孩既没有朋友，也没有机会与任何人交朋友。弗朗茨当然必须要"打败"他的学生，于是他迅速搜肠刮肚，想找出一样东西，来证明自己在对美好事物的判断上所拥有的优势。这时候，他的脑海中突然浮现出关于性生活的书中的那句话，并不假思索地决定搬出它。他像一位布道者一样，郑重而庄严地宣布：

"人的一生中再没有什么比满意的婚姻更美好的事了。"当他看到卡夫卡脸上惊讶的表情时，他才意识到自己犯了一个不可挽回的愚蠢错误。小卡夫卡饶有兴趣地问道：

"为什么？婚姻是指爸爸和妈妈，这有什么美好的？"弗朗茨竭力想把谈话引向另一个方向，可男孩却坚持要求弗朗茨解释婚姻的美妙之处。于是，他只得说道：

"有爸爸和妈妈，他们关心你，喜欢你，当你好好学习时，他们会感到高兴，而其他孩子也一样！这难道不美吗？"男孩沉默了一会儿，显然并不满意。他想了想，脑子里萌生出一个新的念头。他冷不丁地问道：

"人怎么生孩子？孩子到底是从哪儿来的？快告诉我！"

这时，弗朗茨才慌了神，他为自己一时逞能而把话题引到婚姻感到后悔不迭。同时他也暗暗意识到，这一切肯定不会有好结果。他的预感果然没有错。假如他在回答对方问题时直截了当说不知道，毕竟还能显得诚实；可他担心这会让他的补习生对自己学识上的期待落空，所以他必须给对方一个答案。于是，他把自己小时候听妈妈讲的一番话告诉了小卡夫卡："事情是这样的，如果爸爸妈妈想要一个孩子，他们就会祈祷，然后有一天，孩子就会突然出现在他们床上。"说话间，他们已经走到了策尔特纳街，小卡夫卡很快便跑上楼梯，回了家。弗朗茨则去了店里，回到了自家的"鸽子笼"。家人早就在等着他。

这是他与卡夫卡家的弗朗茨的最后一次散步（当时连续下了几天雨）。之后不久，卡夫卡太太找到他，给了他三个古尔登——总共算下来，这是第十五笔——并且告诉他，不用再给她的儿子补习了，因为现在学校增加了几节捷克语课，所以不再需要额外的辅导。听到这个消息，他并不感到吃惊。他可以想象，小卡夫卡后来肯定向家人转述了那天两人之间的谈话，虽然并没有发生什么难堪的事情，可他的父母显然不同意用这种方式来教育自己的儿子。但是，他们对此只字未提，也没有责怪他一句。

19

弗朗齐歇克·巴斯克

小学和中学时光

胡戈·贝格曼 ³ 的回忆

　　我是卡夫卡的同学，从 1889 年秋季第一天上学起，一直到 1901 年夏季高中毕业考试，算下来是整整十二年。

　　我俩小时候住得很近，每天走同一条路去肉市附近的小学上学。从泰恩教堂所在的区域到学校，一路要先经过市场上的许多间肉铺。肉铺对面是捷克语学校，它是我们德语学校的竞争对手。在这所学校的大门旁边，立着夸美纽斯 ① 的半身塑像，下面用捷克语写着他的名言："捷克孩子属于捷克语学校！"这句话是为了警告那些把孩子送到德语学校的捷克家长。可我们是捷克孩子吗？！不论我们是否有所意识，我们每个人身上都背负着一个民族传承千载的遗产和命运，这个民族一直以来都是在其他民族的夹缝中求生。我们的祖辈或许曾和捷克农民一起生活，我们的父母后来搬到了城市。而犹太人从农村搬到城市的主要原因之一，是那些原本用德语教学的乡村犹太学校因为受到捷克民族主义的打压而不得不关门。人们很难用三言两语来描述，这些投入巨大、为少数家庭开办的规模很小的乡村犹太学校，对农村的犹太孩子有着多么重要的精神意义。这些学校为他们提供了严格的犹太教育和犹太氛围，同时还为他

---

　　①　约翰·阿摩司·夸美纽斯（Jan Amos Komenský，1592~1670）是一位以捷克语为母语的摩拉维亚人，职业为教师、教育家与作家。他曾担任弟兄合一会的最后一任主教，后成为宗教难民，是公共教育的最早倡导者，被视为现代教育之父。主要著作有《大教学论》等。

们提供了德语教育，让他们能够在捷克农村订阅德语报纸，尽管这可能会让捷克的邮政管理者感到不悦。如《布拉格日报》和《布拉格晚报》，在特殊情况下，或许还有维也纳的《新自由报》。这些报纸可以让孩子们获得比其生活的村庄更宽阔的视野。而犹太人一旦搬进城市，也就失去了犹太文化的根，就像卡夫卡童年时所经历的那样。但是，他们至少可以为自己的孩子提供德语学校教育，而不必放弃德语这样一门可以给生活带来更多自由的语言。在家里，他们通常讲德语和"波希米亚语"。后者主要在和家里的女佣交流时使用，这些女佣大都来自捷克农村，她们也给这些家庭带来了许多乡村习俗和气息。

于是就这样，我们俩从 1889 年 9 月 15 日这一天开始，每天经过夸美纽斯的半身塑像和铭文，还有一间间肉铺，走进"布拉格一区德语小学和市立中学"，在里面上了整整四年学。就这样，德意志民族有幸拥有了一位杰出的散文大师。

我在童年时代对弗朗茨·卡夫卡只有一个鲜明的记忆。是他教给了我"产妇"这个词的含义，这可能与他三个妹妹之一的出生有关。为了避免引发错误的联想，我想在这里解释一下，根据我的记忆，在我们长达十二年的同窗时光和多年的友情中，我们之间从未谈论过有关性爱的话题。我们谈论学校中的事情，谈论宗教和哲学，甚至包括政治，尤其是在布尔战争期间。当时，弗朗茨满怀激情地站在布尔人一边。可是，关于性爱话题，我们却从未说起。

关于小学，我没有太多值得回忆的事情。每当我想到那栋建筑物时，更多想到的是楼梯一侧挂在墙上的写着名人警句的标语牌。我只记得其中的一句："一天之计在于晨。"

在这所紧靠肉市的小学里，我们度过了四年时光。

在参加了文理中学的入学考试后，我们跳过了五年级。1893 年秋天，我们开始在"布拉格老城国立德语文理中学"上学。

接下来，我有义务来认真描述一下我们在其中度过青 22
少年时期最关键几年的这所中学。弗里茨·毛特纳（Fritz
Mauthner）在自传 4 中用阴郁黯淡的笔调讲述了他在布拉格文
理中学的时光，这些比我们早一代人的经历对卡夫卡传记的作
者们——特别是克劳斯·瓦根巴赫（Klaus Wagenbach）——产
生了误导。在瓦根巴赫享誉无数的卡夫卡青少年时代传记 5 中，
他在提到"文理中学"的章节中有一处错误，即所谓"僵化、
保守的二元帝国（k.u.k.）学校精神"。这里的"k.u.k."① 显然
应当是"k.k."，没有中间的"und"（和）。因为"k.u.k."是
指奥地利和匈牙利合并之物，尤其是指军队，而文理中学却并
非奥匈合并的产物，而是纯粹奥地利的事物，也就是"k.k."
（皇家）。我在这里之所以提起这个小小的纰漏，是因为它让
我们看到，生活在今天的人要想让自己置身于十九世纪是多么
困难。在那个年代里，人们以为只要用一个"und"，就可以
在不同世界之间架起一座桥梁。那是这个地处欧洲中心的多民
族君主制国家所经历的最后几十年。

退一步讲，鉴于欧洲民族主义潮流的泛滥，我们今天对待
"僵化""保守"一类词也应当更谨慎一些。对于一所布拉格德
语文理中学在这个时代所担负任务的艰巨性，我们必须怀有敬
重之心。这个任务便是：在捷克民族主义逐渐兴起、反犹主义
和泛日耳曼主义势力不断壮大的年代，开办一所以德语为主要
语言、由德意志人担任教师的学校，而且在这里上学的学生大
部分都是犹太人。多民族奥地利国家主义（Österreichertum）
的理念本应是个解决方案，假如其内在力量足够强大的话。我
们的老师是奥地利官员，他们一年只出现一次，在颁发成绩单

---

① "kaiserlich und königlich"的缩写，意为皇家和王家，指奥匈帝国。

的时候。他们身着华丽的制服，挎着军官佩刀，可是他们的一举一动却像是在演出一部轻歌剧。伟大的跨民族奥地利国家理念，已经堕落成了轻歌剧。在一个动荡的年代里，这样一所学校要想得以保全，只能脱离时代，用精神的围墙把自己包围起来，像修道院一样全面控制学生的生活。

那份我们每年开学时都必须阅读的著名"校规"，就像是对学校社团的效忠宣誓书。顺带说一句，这是完全自愿的。选择让孩子上哪所中学，终归都是家长们的自由。

为了用一个例子来说明上面这番话，我想在这里讲一段令我记忆深刻的学生时代的经历。

在整个八年的时间里，都是由埃米尔·格施温德（Emil Gschwind）担任我们的班主任，他是一位获得过教士勋章的神父，一名旧传统的卫道士。在中学三年级时，我还不满十三岁，我的一位叔叔在布尔诺成亲，我获准请两天假，去参加婚礼。我父母听从亲戚们的劝说，把两天假期变成了四天，于是，我便旷了七节课。当我回到学校时，灾难开始了。我受到了严重警告处分，我的班主任在后来几个月里对我的叛逆行为一直耿耿于怀。我是班里的优等生，而且因为家庭贫困还被免除了学费。但免除学费的条件是，这个学生的操行课成绩必须是1分，或者至少是2分。3分将意味着失去这个待遇。很明显，一个受过警告处分的学生是不可能得到1分的。但是，格施温德会同意给我2分，好让我能够继续享受免学费待遇吗？判决的这一天到了，这天将发放冬季学期的成绩单。格施温德把成绩单递给我，宽容获得了胜利。直到今天我还能记起他的声音："您的操行课成绩是'良'6。我投了反对票，但我是少数，我很愿意服从多数。"

我在这里讲这个故事，为的是让您知道，这位班主任对学校的事情是多么认真。学校首先教导的一点是：履行职责。老师有好有坏，但整个班级的气氛却是由这位天主教神父决定的。他不肯让自己仅仅满足于每周七八个课时的拉丁语课。他要求学生进行课外阅读，并用一个厚厚的本子收集所谓"平行段落"①。我好像和弗朗茨一起做过这样一个本子，而且我们每年会在几个闲暇的周日去皮亚斯特修道院，为我们这份课余作业搜集例证。我不确定我们是否由此获得了对古典文化的了解，但是我们学会了一门语言，包括语法最微小的细节，这是送给我们一生的礼物。顺便说一句，在实用课程方面，加贝尔斯贝格（Gabelsberg）的速记课是这所学校送给我的终身礼物。不管是有意还是无意，这所文理中学坚信它的责任在于，通过一种修道院式的生活方式，让传统在时代动荡中得以拯救。当然，在进入高年级后，这份"校规"已不能保护我们免受时代的影响。有一段时间，我们都被德意志民族主义的魔咒所迷惑，并高唱："'黑－红－黄'是德意志英雄；'白－红－蓝'是捷克猪。"后来，大约在 1899 年前后，社会主义和犹太复国主义开始兴起，成为对上述潮流的回应。弗朗茨给自己戴上了代表社会主义的红色康乃馨（当然，是在放学之后），而我则成了一名犹太复国主义者。我们共同经历了叛逆者的狂热。和班里大多数学生一样，我们俩都加入了学生联合会，一个被官方严令禁止的"秘密茧房"，其心照不宣的目标是充当"老城同学会"——布拉格德语大学激进学生联合会——的"培训基地"。我们这个团体在名义上是不参与政治的。后来有一天，当一场"酒吧聚会"结束后，大家齐声唱起《守卫莱茵》②。所

24

---

① 平行段落（Parallelstellen）：在基督教神学中，"平行"指的是《圣经》另一部分中描述同一事件的经文。比较《圣经》中的"平行段落"是圣经研究的一个重要领域。

② 守卫莱茵（Wacht am Rhein）：德意志爱国主义歌曲，流行于普法战争和第一次世界大战期间。

有同学都站了起来，只有弗朗茨·卡夫卡和我坐着不动。结果当然可想而知，我们两人都被开除出组织。我们并没有把这件事太当回事，因为我们的生活又被新的思想和观念所填满。在二十世纪的第一年，也就是 1901 年，我们从学校毕业了。在中学的最后几年里，我们对这所学校在感情上早已渐渐疏离。对于中学时学到的那些东西，我们直到很晚之后才开始萌生出感恩之心。

大学生活的第一步，我们两人也是一起迈出的。事情是这样的：在当时的环境下，对于一个犹太人来说，如果他不愿为了获得国家公职而改信基督教，那么他实际上只剩下"自由"职业这一条路，比如说做一名医生或律师。因为我俩都不想从事这些职业，所以我们开始寻找其他可能性。有人建议我们学习化学，因为犹太人可以有机会在化工行业谋到职位。于是，我们一起走进了由改信基督教的犹太教授高特施密特（Goldschmied）领导的布拉格德语大学化学系，并在和他面谈后被录取。我们当时都没有考虑到，化学必须在实验室中学习，而不是从书本当中。实验室工作对我们俩来说都不是件轻松的事，因为我们的手不够灵巧，无法熟练地操作化学实验仪器。卡夫卡没过多久便放弃了。他在学期一开始就从化学系转到了之前被他鄙视的法学系。不过实际上，他更多是作为旁听生，去上奥古斯特·索尔（August Sauer）关于德国文学的讲座。至于我自己，我在勉强坚持了一年后也放弃了化学，改学数学、物理和哲学。

我们俩从小就是好朋友。弗朗茨·卡夫卡的母亲和我的母亲是旧相识，所以我很快便成了卡夫卡家在策尔特纳街寓所里的常客。令我印象至深的是，弗朗茨还在上小学的时候就有自己的房间，从窗户往外可以俯瞰策尔特纳街；而且，他甚至还有一张自己的书桌。我们经常一起坐在这张书桌前，完成学校的作业。卡夫卡的母亲总是面带慈祥而略有一丝忧伤的微笑，对此我至今记忆犹新。卡夫卡父亲的模样，也总是活生生地浮现在我的眼前。当然，他在我眼里，并不像他的儿子在《致父亲的一封信》中描述的那样[7]（我希望而且相信，这封信他本人从来不曾看到过），而是那个年代的一位犹太商人，脚踏实地立足于现实和自己的事业。卡夫卡的妹妹们当时年龄尚小，以至于我根本没有注意到她们。

当然，卡夫卡也经常来我家，找我和哥哥阿图尔。大概是在中学的头几年，卡夫卡告诉我们，他想当一名作家。我哥哥对文学没有太大的兴趣，所以卡夫卡的这番话换来的是一通嘲笑和挪揄："好啊，那你把你写的第一本书献给我好了！"卡夫卡一口答应。不过当他的第一本书出版时，他肯定早把这个约定忘得一干二净。

1891 年我年满八岁时，按照当时的习俗得到了一本"纪念册"，里面记录了家人和朋友送给我的格言和祝福。那里面有一句话，对卡夫卡的人生经历来讲有着重要的意义，在这里必须一提。不过，在此之前，我先来说说另外几句留言。第一句留言是用拉丁语写的，看样子是出自拉丁语文理中学某位同学之手，其内容如下：

> Amore
> More
> Ore
> Re
> } iunguntur amicitiae[①]

当时，大概正值布拉格大规模城市改造、把路灯全部换成

---

① 拉丁语，意为："爱情、信念、言语和行为是连接友谊的纽带"。

煤气灯的年代，因为纪念册中有一句留言是这样写的：

> 我们的爱情，炽烈地燃烧
> 如布拉格的煤气街灯
> 我们的爱情，坚不可摧
> 如卡尔施泰因城堡

　　1897年2月16日的一句留言要想读懂，需要费一些脑子。它是这样写的："我们的友谊Y.Y.C.Q.。"要想破解这句谜语，得把那串缩写字符翻译成文字："我们的友谊永远长青。"
　　就在这句乐观（却并没能兑现）的留言旁边，是弗朗茨·卡夫卡写下的两行字：[8]

> 有到来，有离开
> 有告别，却往往——没有再见
> 弗朗茨·卡夫卡，11月20日，布拉格

　　今天读到这两行留言的读者，往往都会为这些留存下来的早期文字的"卡夫卡式"伤感风格感到惊讶。我不想在这里断言，当时年仅十四岁的卡夫卡对这段话的沉重是否真的有所意识。
　　至少可以肯定，那个年代的沉重与苦难并没有给我们之间的关系带来丝毫影响。在前文提到的卡夫卡和我哥哥阿图尔之间的对话中，读者便可以感受到我们当时的快乐无忧。说到这里，我想起一件逸事：有一次，我们路过布拉格市政厅，来到"一分钟之屋"（Haus Minuta）的橱窗前。其中一个橱窗中，陈列着来自旁边书店的琳琅满目的书籍。卡夫卡对我说，你来考考我吧，我闭着眼，你给我念里面的书名，我来猜作者。于是，我依言照办。弗朗茨用令我印象至深的出色表现，通过了

这次"考试"。

在那段时间，弗朗茨曾经一度迷信无神论或泛神论，并一心想让我抛弃犹太教信仰。[9]他是一位口才出众的辩论家。那是一年春天，临近逾越节和逾越节晚餐。受父母影响，我一向看重逾越节晚餐。当时，我心里一直在默念：一定要撑到逾越节晚餐！后来，我总算成功了。这次，弗朗茨没能用他的雄辩术打败我。很久以后，他自己却投身于当时煞费苦心想从我这里夺走的信仰。

在高中的时候，我为了补贴家用，开始在业余时间给人上私教课。我的学生住在彼得广场，离西北火车站不远，距离弗朗茨在策尔特纳街的家只有一步之遥。弗朗茨经常在我上完课后来找我，然后在回家的路上一起讨论我们感兴趣的事情。我还清楚地记得，弗朗茨曾经满怀激情地谈到布尔人，谈到他们如何为自由而战，而说起英国人时则是义愤填膺。那应当是在1900年布尔战争期间，我们大概在上中学七年级。

在中学最后一年，也就是1900/1901年，我俩之间的友情稍稍有些冷却。有可能是因为我不能像其他同学那样，和他分享对文学这一美好事物的兴趣；也有可能是因为他对社会主义太过热衷，而我对犹太复国主义的热情则太过强烈。而且，当时还没有人能想到，这两种理念后来竟然能彼此融合，形成"社会主义犹太复国主义"。1899年4月24日，布拉格锡安主义者在产品交易所召开的第一届大会，就是被犹太社会主义者冲散的。

在大学的最后几年，我们在凡塔（Fanta）家的哲学沙龙上再次相聚。后来，从这个沙龙中诞生了以布伦塔诺[①]弟子

28

---

① 弗朗兹·布伦塔诺（Franz Brentano，1838~1917），德国著名哲学家、心理学家、意动心理学派创始人。主张心理学的研究方法是观察而不是实物，同时认为心理学的对象是心理活动而不是意识经验的内容，他称这种心理活动为意动。其观点对后来心理学的发展产生了巨大影响。

安东·马尔蒂（Anton Marty）教授为精神领袖的所谓"卢浮宫圈子"（以这个圈子的成员经常聚会的卢浮宫咖啡馆命名）。在我于 1905 年 12 月 18 日在布拉格德语大学获得哲学博士学位后，卢浮宫圈子的成员们送给我一本路德维希·布瑟（Ludwig Busse）的著作《身心与灵肉》（*Geist und Körper, Seele und Leib*）作为礼物。书的扉页上写着："谨以此纪念我们共同的追求。贝尔塔·凡塔（Berta Fanta）、马克斯·雷德勒博士（Dr. Max Lederer）、埃米尔·乌提茨（Emil Utitz）、奥斯卡·波拉克（Oskar Pollak）、伊达·弗洛伊德（Ida Freund）、列奥波德·波拉克（Leopold Pollak）、F. 卡夫卡（F. Kafka）。"看到这段献辞的笔迹学家大概会注意到，所有签名都是由上至下依次排列，只有卡夫卡一个人的签名是在旁边，这或许是其孤僻性格的某种象征。

当然，我撰写本文的目的并非要为好友的精神生活立传，况且我也没有资格这么做。我受邀写下这些文字，是为了讲述我对好友的个人回忆。马克斯·布罗德曾经不止一次以其独特的热忱笔调，讲述了卡夫卡在生命的最后几年里向犹太教的转变。正如我们所知，这场信仰转变最初发生在 1911/1912 年，当他与一个来自波兰的犹太人剧团相遇之后。当时，这个剧团正在布拉格"山羊"广场上一家不太知名的咖啡馆演出。在命运的奇妙安排下，这场相遇成了卡夫卡生命中的一个转折点。在这里，弗朗茨怀着激动的心情经历了一幅生动的犹太教场景，而这正是他的灵魂一直渴望的东西。[10] 我还记得他在布拉格犹太城市政厅（Jüdisches Rathaus）的汤因比大厅中参与的一场演出。在这场演出中，他激情洋溢地为台下来自无产或半无产者阶层（当时在布拉格，几乎没有真正意义上的无产者）的犹太观众朗诵了克莱斯特的《米迦勒·寇哈斯》（*Michael Kohlhaas*）。[11]

身着军官制服的胡戈·贝格曼与妻儿在第一次世界大战期间留影

在寻找一个鲜活的犹太民族的过程中，他与西格弗里德·雷曼（Siegfried Lehmann）创建的柏林"人民之家"取得了联系（这次相遇本身实际上发生在"人民之家"在波罗的海海滨的一处度假地）。

就在几个月前，即1923年3月，我应"巴勒斯坦筹款基金会"的邀请，从1920年以来定居的城市耶路撒冷来到了布拉格，利用我在巴勒斯坦生活的经验来帮助基金会的募捐工作。当时，基金会在布拉格产品交易所举办了一场大型集会，基金会主席阿图尔·汉特克（Arthur Hantke）和我相继发表演讲。卡夫卡参加了这场演说活动，当我在演讲结束后待在一个小房间里休憩时，卡夫卡兴奋地找到我，握着我的手说："你这场演说简直就是为我做的。"

卡夫卡请我来到他家，这时他已经离开了策尔特纳街，搬到了老城环路。在他家里，我和卡夫卡、他的妹妹们，还有马克斯·布罗德夫妇共度了一个夜晚。大家一起谈天说地，回答彼此的问题。

人们今天阅读卡夫卡的信件和日记时可以明显感受到，卡夫卡在他生命的最后几年里，对犹太复国主义产生了越来越浓厚的兴趣。1921 年 12 月，卡夫卡在给他的医生朋友罗伯特·克罗普施托克博士（Dr. Robert Klopstock）的信中说，他很高兴地发现，巴勒斯坦已逐渐进入了自己的视野。在同一封信中，他还写道，他准备寄一本我的文集《亚夫内与耶路撒冷》（*Jawne und Jerusalem*）给对方。他在这封信中谈到他认识的一个布拉格人在职业上的转变。这个人在大学攻读了几年法律后毅然决定放弃，改行到锁匠铺去做学徒，现在移民去了巴勒斯坦。[12]1922 年，卡夫卡抱着严肃的态度，认真钻研了汉斯·布吕尔（Hans Blüher）的著作《犹太民族的分裂》（*Secessio Judaica*）。

从当时的情况看，卡夫卡似乎是为了犹太民族和他个人打算，把巴勒斯坦看成是一个新生活的开端，一个通往纯净世界、实现人间天国耶路撒冷愿景的真正的新起点。

当然，卡夫卡想象中的耶路撒冷和现实中的耶路撒冷并不是同一个。这一点在他 1923 年 6 月 12 日写给奥斯卡·鲍姆（Oskar Baum）的信中表现得十分明显，甚至有些滑稽。[13]在我 5 月底返回耶路撒冷之前，弗朗茨答应我，愿意为我打理劳工银行的股票，前提是银行能够提供给他相关信息。我把这件事转达给银行方面，银行做出了相应回复。弗朗茨收到信后显得异常兴奋，他给奥斯卡·鲍姆（顺便说一句，当我在布拉格帮助巴勒斯坦筹备基金会募捐时，这位盲人诗人为我提供了很大帮助）寄去了一份翻译件，并在信中写道："我要拿这封信好好做几天宣传。对我那位（反对巴勒斯坦的）妹夫来说，白纸黑字是最有力的论据。我想拿这封信来试试看。"

31

弗朗茨从波罗的海海滨小镇米里茨写信对我说，他去波罗的海的目的，是测试自己的适应能力，换句话说，是为耶路撒冷之旅做准备。他感谢我的祝福："这是我从巴勒斯坦收到的第一封希伯来语来信。信中的祝福本身仿佛也充满了力量。""至少在这祝福中，我体会到了一种幸运。在距离我的阳台五十步远的地方，是柏林'犹太人民之家'的度假屋。透过树丛，可以看到孩子们在玩耍。一群快乐、健康、充满活力的孩子。被西欧犹太人从柏林的危险中拯救出来的东欧犹太人。从白天到黑夜的一半时间里，这所房子、树林和海滩总是充满了歌声。当我身处他们当中时，我并不感到幸福，但已站在幸福的门槛前。"14

正是在这段时间，他在"犹太人民之家"的度假地结识了后来的伴侣朵拉·迪亚曼特（Dora Diamant）。

在此同时，他给当时在布拉格的我的第一任妻子写信说，他已经完成了伟大旅程前的小小测试。在这封信中，他同样充满激情地谈到在"人民之家"度假地的偶遇，并在信末写道："今天我将与他们（人民之家的孩子们）一起欢度周五的夜晚，我相信，这是我一生中的第一次。"15

当时，我的前妻邀请卡夫卡与她一同前往巴勒斯坦，并告诉他必须尽快做出决定，因为船上的舱位已经订满。卡夫卡在一封语调悲伤的信中回复称，他现在还不能启程，不然的话，这将不是一次巴勒斯坦之旅，"从精神意义上讲，更像是一个贪污了大量钱财的出纳员向美国潜逃"。

换句话说，卡夫卡感觉自己现在移民巴勒斯坦还不够资格，不够纯洁。在他眼中，犹太复国主义、巴勒斯坦、耶路撒冷都是太过纯洁、太过崇高的事物，眼下还无法变成现实。但不妨"把希望留待将来"。这封信以此结束。

一年之后，1924 年 6 月 3 日，卡夫卡与世长辞。

与卡夫卡同窗十二载

胡戈·赫希特[16] 的回忆

1889年9月16日，卡夫卡第一次踏入了学校的大门。他的父母当时住在老城环路2号，这里距离学校只有很短的一段路，只需步行即可到达。我也是在这一天，被母亲送进了同一所学校。德语国民小学就在肉市旁边，捷克语学校也在附近。因此，这两个族裔的学生相互之间总难免发生冲突。与世界史上司空见惯的情况一样，我们犹太人总是被夹在中间，并且经常遭到两边人的殴打。我母亲和卡夫卡的母亲早就认识，因为她俩都是同一家犹太妇女协会的成员。于是，两位母亲在第一天放学后便结伴朝住得较近的卡夫卡家方向走去。两个小儿子——卡夫卡和我——乖乖地走在前面。上学第一天，校方只是安排了一些事务性的事情。老师汉斯·马尔科特（Hans Markert）给学生安排座位，小个子坐在前面，个子高点儿的坐在后面。然后，老师按名单点名，每个被念到名字的学生都要大声喊"到"。这些便是上学第一天的全部内容。母亲们都在外面等候，然后把各自的孩子接回家。从第二天起，接送上学的任务便落到了哥哥姐姐（比如我），或家里的女佣（比如卡夫卡）身上。[17] 但是没过几天，我们便学会了独自上下学。当时的布拉格是一个安静得有些死气沉沉的省城式都城，街上车少人稀。从家到学校的沿途，只需要穿越一条有轨马车的轨道，所以，家长可以放心大胆地让孩子独自上下学。虽然卡夫卡总是由女佣或店铺雇员接送，但大家几乎总是结伴而行，走向不同的方向。卡夫卡几乎总是和我在一队，大家中途会先经过卡夫卡家，然后再分道扬镳。当然，我们很少会在放学后直接回家，而是在曲里拐弯的小巷中四处转悠，看看路边的橱窗，或者跑到古老的庭院中去探秘。我们所在的学校是一栋相对较新的楼房。可我们一路经过的这些房子却有两百多年的历史，有着黑黢黢的门洞和宽敞的庭院，里面可以看到各种千奇百怪的事物：手推车、婴儿车、货车、马车，等等。一些房子的内院里，甚至还有马棚，那是玩捉迷藏或其他男孩游戏的宝地。卡夫卡总是和我们一起玩，有时候回家晚了，我们也总能找到各种理由来应付。只不过，如果他在路上不巧先撞上父亲，要想找理由解释就不是那么容易了。我们这群孩子对这位身材魁梧、脸色阴沉、留着长须的男人，总是惧怕三分。[18] 但是，卡夫卡的母亲却总是很和蔼，对她的小儿子也十分宽容。卡夫卡一直是个模范生。我只记得有一次，他因为听课时开小差被老师警告。那是一个明媚的五月天，和煦的阳光洒满校园，春风透过敞开的窗户，轻柔地吹进教室。这时候，一只麻雀落了窗台上，我们这群二年级小学生一时间都被麻雀吸引了注意力，忘记了听讲。而且这只麻雀恰好就落在卡夫卡旁边的窗台，他自然也和大家一样，兴奋地用目光追逐着麻雀的一举一动，就连老师的警告声都没有听到。直到老师提高音调，一连叫了几遍卡夫卡的名字后，他才把眼睛从窗户移开。

卡夫夫一家当时住在老城环路 2 号。直到 1896 年，他们一家才搬到了策尔特纳街 2 号，[19] 紧挨环路的第二栋房子，距离我们后来上的文理中学只有几步之遥。卡夫卡家在这里一直住到 1907 年，然后搬到了巴黎街，[20] 老城环路旁的一条侧路。也就是说，卡夫卡在文理中学所在的老城环路周边居住了将近三十年。这里有市政厅和著名的天文钟，还有第谷·

布拉厄^①棺墓所在的泰恩教堂，玛丽安柱和胡斯雕像。正是在
这个广场上，波希米亚贵族精英在 1620 年白山战役后，被赢
得大捷的奥地利人以残忍的手段处死。在这个广场上，数千名
热情激昂的捷克人召开了包括索科尔大会在内的各种全国性集
会。我们这些犹太孩子对这处刑场也抱有敬畏之心。每年在捷
克爱国者受难纪念日这一天，都有人到这里为英雄献上花圈，
但是这些花圈很快就会被警察收走。当年，我们毕竟还生活在
信奉天主教的奥地利人统治下！

　　我们在肉市旁边的德语男子学校上了四年学。当我在
1947 年夏天再次走进这栋楼房时，它几乎还是原来的老样子。
不过，这里已不再是一所学校，而是市政府的办公地。我们
当年上学时，这栋建筑几乎可以称得上现代，只是院子对于数
量庞大的学生来说太过狭小，不能让所有学生在十点的课间操
时间都到外面去透气。当时的学校管理者是如何解决这个问题
的呢？他们不允许任何人走出楼，到院子里去。我们只能在走
廊或教室里度过休息时间。我还清楚地记得校长弗朗茨·菲格
特（Franz Fiegert）的样子。在我们这群小学生的眼里，他
是个永远遥不可及的人物。每次他和我们当中的某个人打招呼
时，都会让我们感觉受宠若惊。其他老师也都十分和善。一年
级时，我们的老师是汉斯·马尔科特（Hans Markert），二年
级时是卡尔·内图卡（Karl Netuka）。这两人都没有给我们
留下太深的印象。但是，我们在三年级和四年级时的老师莫里
茨·贝克（Moritz Beck）却是一位杰出的教育家。卡夫卡在
后来的日记中也对他表达了特别的敬意。²¹ 他总是努力想要赢

---

① 第谷·布拉厄（Tycho Brahes，1546~1601），又译第谷·布拉赫，丹麦贵族、天
　文学家兼占星术士和炼金术士。在《论彗星》一书中提出了一种介于地心说与日
　心说之间的理论，认为地球作为静止的中心，太阳围绕地球做圆周运动，而除地
　球之外的其他行星则围绕太阳做圆周运动。其最著名的助手是开普勒。

中学时代的卡夫卡（大约摄于 1899 年）

得我们的信任。他经常在课余时间和我们交谈，询问我们的家庭情况，关心我们在校外的生活，和家长们也时有联络。因为我哥哥比我高一个年级，所以老师便事先通过他认识了我。当我弟弟四年后入学时，他所遇到的也是同一批老师。可他并不太喜欢他们，因为我弟弟非常活泼——遗憾的是，就连上课时也是一样——所以他只能整天听老师唠叨，他的两位哥哥当年在学校表现得多么听话乖巧。其实在学业上，我们三兄弟的表现是半斤八两，在班里均属于中上游，从来都不是学霸。卡夫卡在这方面可完全不一样！他永远都是模范生，学习上也往往是尖子。老师们对这位谦逊、安静、品学兼优的学生都喜爱有加。

在顺利通过入学考试后，我们进入了老城国立文理中学。布罗德称它是布拉格管理最严格的中学，他说得没错。我们必须非常勤奋，才能保证不留级。但除此之外，它和其他中学并无不同。恩斯特·魏斯（Ernst Weiß）在他的小说《不可遗失之物》（*Das Unverlierbare*）中曾经对老派奥地利文理中学做过生动的描述。虽然他笔下的学校是在布尔诺，而不是布拉格，但它们在组织形式和目标上是一致的。"年轻人所应培养的理想在这里播种，未来的体育运动员、足球爱好者代表了一类人，雄心勃勃、崇尚权威、相信人类使命的人代表了另一类人；还有第三类人，他们在上学时就已经懂得了人生的真正价值——金钱与权力、外貌与财富，并且把它们当作反对学校教育的理由；因为学校教育的目的所在，并非让人们学会如何面对现实生活，并有能力去真切地体味世界上那些令人向往的事物。在这样一所机构里，这一切怎么可能发生？在这里，人们不知金钱的力量为何物，你所学到的是数学和希腊语，而非与他人沟通之术，更遑论比后者更高深的艺术，即把个人意志强加于他人之上，并使之相信此乃其自身的意愿。"

老城文理中学所在的建筑名叫金斯基宫，这座宫殿是十八世纪由意大利建筑师卢拉戈（Luragho）和K. I. 迪恩岑霍夫（K. I. Dientzenhofers）设计修建。它有一栋华丽气派的临街主楼，还有一座规模宏大的后楼。后楼里有两个宽敞的庭院，文理中学的学生每天就是在这里，在教授们的监督下，度过上午十点的课间休息时间。大多数学生都会从家里带来"加餐"——每日的第二份早餐。家境优裕的孩子可以用零花钱，在学校雇工克雷特施卡（Kletetschka）那里购买加餐。这份美味的精华是热腾腾的小香肠——在布拉格，它被称作"帕尔"（Paarl）——搭配新鲜面包，面包靠边角的位置涂满了厚厚的黄油！只有到得早和运气好的人，才能抢到一块。我们把这些边角面包称作"面包头儿"（Ranfteln）。在休息时间里，大家一边吃着加餐一边聊天，或去探望其他班级的朋友，或者一起商量下午没课时该做些什么，或趁老师们不注意的时候，在僻静的角落里嬉笑

老城广场上的金斯基宫（1896 年）

打闹。卡夫卡从不参与打闹。他是个规矩本分的孩子，总是穿得干净得体，和大家保持着一定的距离。不过，每次只要有人发出邀请，他都会加入游戏，而且从不让人感觉扫兴。只是，他向来都不积极，不会主动提出建议，尽管我们知道他非常聪明。

在整整八年的中学岁月里，他一直是一名优秀生，学习成绩也经常是出类拔萃。在所有科目中，除数字外，他的成绩都高于平均水平。虽然尽了最大的努力，有时甚至还请了家教，可他在数学方面却始终不开窍。在语文、文学、哲学等科目，简单地讲，在所有与人文相关的学科中，他都表现出色，可对自然科学、物理、自然史、矿物学、地理等理科课程，他却从来没有太大的兴趣。不过，他凭借勤奋和毅力还是攻克了这些难题，只有数学不行！为此，他的好朋友胡戈·贝格曼经常会为他补课。除此之外，他没有丝毫的音乐天赋，这是因为他对音乐缺乏足够的理解力。在我们的班级里，有一群痴情的瓦格纳乐迷，他们满怀热情地投入了支持瓦格纳的战斗中。在剧院的站席和顶楼座席上，经常可以见到这支自发组成的大嗓门的粉丝后援团。但卡夫卡却从没有参与过年轻人发泄情绪的这类活动。值得一提的是，每逢布拉格举办五月音乐节时，各地顶尖的瓦格纳演唱家总是在这里汇聚一堂，这时候，就连血统纯正的捷克人也会破例前往观看德意志剧院的演出。和这些人不同的是，我们这群年轻的犹太人则是德意志和捷克剧院的常客。在很多年里，我家在这两个剧院都同时办了会员卡，所以我们一家也经常观看捷克语的瓦格纳剧目。卡夫卡也去过捷克剧院，不过在我印象里，他在那儿只看过话剧。他会讲一口流利的捷克语，至于说他的捷克语发音如何，我无从评判。但他和我一样，从没有上过捷克语学校。

和所有年轻人群体一样，我们这群人偶尔也会聊到性的话题。在中学低年级时，大部分人对这方面的事情还都懵里懵懂。就像所有年轻人群体一样，我们当中也有个别早熟者。在进入高中后，情况则大不一样。在我记忆中，卡夫卡从未参加过我们有关性事的谈话。我们不好意思拉他进来，更何况我们也从没见到过他和哪个女孩儿在一起。我们大家猜测，他很可能在七年级时已经对这些事有了大致的了解，特别是因为他当时与奥斯卡·波拉克（Oskar Pollak）关系亲密，而后者正是我们这群人里最成熟的一个。有一次，波拉克甚至想搞一次有关海克尔[①]进化论的"演说练习"，让每个学生就他选定并经过德语教授批准的主题发表演讲，并已为此做了相关的部分准备。可是当时的"老"奥地利，却不允许人们拥有太多的自由

[①]　恩斯特·海克尔（Ernst Häckel，1834~1919），德国动物学家和哲学家，他将达尔文的进化论引入德国，并在此基础上进一步完善了人类进化论理论。

思想。卡夫卡在多年后的日记中提到了他在身体发育上的晚熟。他在 1922 年 4 月 10 日的日记中写道，他在少年时 [22]（而且如果不是被强行引导到性的话题，他可能会长久地保持这种少年状态）对于性的话题，就像今天对相对论一样无知和不感兴趣。能够引起他注意的，只有一些细枝末节（这也是在经过认真的启发和教育之后），例如，街上那些打扮漂亮入时的女人，都是些坏女人。[23]

在当时的中学里，老师在课堂上从不会就性问题给予任何指导。学生们只能全凭自己。据我所知，我们班也没有一位家长曾经在这方面帮助过自己的孩子。

正如前面所说，卡夫卡从不参加我们有关性事的讨论。不过，我们偶尔也会当着他的面聊到这个话题。而他，总是一言不发。但是我们有一种感觉，他对此并非一无所知。他可能知道一些事实，但肯定不是出于自身经验。

当我想到卡夫卡的性发育问题时，我时常会联想到《简约》（*Simplicissimus*）杂志春季号的一幅插图（也许是出自 T.T.海涅［T. T. Heine］之手），画的是一个农场在三月时的景象：阳光明媚，树林和草地透着一抹带着羞涩的嫩绿；一只公鹅追逐着母鹅，一对鸽子在屋檐上交喙；一匹公马偷瞟着母马，男仆的手悄悄探向女仆；一辆干草车前，拴着两头驾辕的公牛，一头牛望着另一头牛，嘟囔道："我不明白眼下的动物和人，都在想些什么。"对于春日里自然本能的觉醒，无性者自然是无法理解。

当周围的同学们开始对异性产生兴趣的时候，弗朗茨·卡夫卡很可能便是这样的感觉。但是，就像每个青少年群体一样，我们这群人当中也存在着不同程度的差异：有些人早熟，有些人晚熟。我们有两位同学，他们在性发育方面比其他人都要早。两个人都是富裕家庭的子弟，他们的父母对其总是一味

40

班级合影（1898年）。卡夫卡（最后一排，左二），奥斯卡·波拉克（从上边数第二排，左二），胡戈·贝格曼（从下边数第二排，左三），埃瓦尔德·费利克斯·普日布拉姆（从下边数第二排，右一）

地娇惯和纵容。而正是这一点，酿就了他们的不幸：其中一个因为赌博欠债在十九岁时自杀，另一个在上中学时便感染了梅毒。[24] 当他中学毕业十五年之后来到我的诊所时，呈现在我眼前的是一具行尸走肉：他得了脊髓性肌肉萎缩症。这种病当时还属于不治之症。他于三十六岁时病故。

但是，我们当中大多数人在中学毕业前都已经历了人们常说的"初恋"，性质或多或少都属于柏拉图式的。通常情况下，如果初恋对象来自中产阶层，那么这种感情往往都是柏拉图式的。在本世纪初，妇女解放尚未达到第一次世界大战后那样的水平。因此，学生们大多是以柏拉图方式相爱，因为早婚在当时是不可想象的。我们当中也有一些人，他们根本没有时间谈恋爱。他们热衷于体育运动——最流行的是足球和网球——或者音乐，或是靠业余给人上辅导课来维持生计，因此，他们所有空闲时间都被这些事占用。对卡夫卡来说，爱情那时候还没有进入他的视野，因为在性事方面，他还是个乳臭未干的孩子。他还没有完全发育成熟，即使当他第一次订婚时，也依然如此。

卡夫卡在体操方面表现得很笨拙。在初中时，体操是一门必修课。在十九世纪末保守传统的奥地利，这真是一个时髦得有些奇怪的规定！一旦体操成为学生可以自愿选择的课程，很多人都会立刻放弃它，包括卡夫卡在内。但是，我们几乎所有的同学都是狂热的游泳爱好者。只要有时间，大家每天都会去游泳，特别是在假期时。我们通常都会选择市民游泳学校，也许是因为我父亲和卡夫卡的父亲都去那里游泳。这两位父亲在游泳方面都是自学成才，他们总是乐于向人们展示自己所掌握的那些平庸技巧。[25] 我们这些年轻人都接受过游泳培训，而且还会跳水。我们这伙人当中的一些人是出色的跳水选手，特别是那些擅长体操的人。作为一名中学生，卡夫卡的游泳水平很一般，而且从来也不用跳板。倒不能说他是胆怯，不过在这些事情上，他的确显得很笨拙。但是，他很快学会了熟练地操纵皮划艇，因此在这方面享有很好的名声。

在小学期间，只有一位老师（贝克）给我们带来了长久的影响。在文理中学，是两位：埃米尔·格施温德博士和阿道夫·高特瓦特（Adolf Gottwald）教授。格施温德教授是皮亚里斯特修会的修士，住在修会下属的修道院里。卡夫卡曾在日记里提到过这位教授居住的两居室公寓。只有优秀生才能借给教授送作业本的机会踏入格施温德的公寓，作为给好学生的一种奖励。像我这样的差生，从来都不会有这样的机会。而这对卡夫卡（和其他几位学生）来说，则是家常便饭。格施温德精通拉丁语，希腊语也十分流利，而且他还是一位优秀的哲学家。他是威廉·冯特（Wilhelm Wundt）的弟子，后者在莱比锡大学创立了第一间实验心理学实验室，为深入了解心理学与其他学科之间的关系奠定了基础。在中学最后两年，格施温德为我们教授"哲学入门"作为必修课。在中学的整个八年时间里，他都是我们的拉丁文老师。虽然我们对这门课并不总是有太大的热情，但是出于尊敬，我不得不承认，格施温德确实有一种本事，能够让班上的大多数同学萌发对哲学的兴趣。直到今天，在过了半个世纪之后，我才真正领会到，正是这门学科为我们的思维打下了逻辑的基础。在我们班二十四名同学里，有六位同学在后来的人生中取得了非凡的成就，在我看来，格施温德教授对此功莫大焉。他总是积极关注着学生毕业后的发展，而且也有学生特意找到他，听取他的建议。尽管我们在毕业考试后都住在布拉格，可是，我和他竟然一直未曾谋面。直到后来，在两位自寻短见的同学的葬礼上（1902 年和 1907 年），[26] 我才有机会见到他。不过，缘分是件奇妙的事。1908 年秋天，有一次我在坐电车时，偶然遇见了格施温德教授。他坐在那里，高大肥胖，模样几乎未变。我走过去，向他表示问候。他惊讶地望着我："哈，赫希特！"然后伸出手，捏了捏我的下巴，就像在学校和学生说话时经常做的一样。在他的眼里，我们这群人都是"他的孩子"。当时，我因为身材瘦小、脸庞清秀，所以模样看起来比实际年龄（二十五岁）要年轻。

"过得怎么样？在大学里读什么专业？"

这一刻，我终于有机会挽回失去的颜面啦！当年，他一直把我看作一个不成器的家伙——我的成绩单便是证据——并曾认真地劝说我放弃读大学。于是，我回答道："我已经毕业了。我两年前就拿到了医学博士学位，目前在大学皮肤病诊所做助理医生。"

格施温德一时间无语。

"瞧瞧，这谁能想得到啊？"

不过，他还是为我的成就感到开心。然后，我们又一起聊起过去，还有我的同学们各自的经历。

阿道夫·高特瓦特教授对我们的引导则是朝向另一个方向。他最初学的是医学，但就在漫长的学习期临近结束时，他却不得不为谋生另寻一份差事。就这样，他成了一名中学教师。他教授的课程有自然史、物理、植物学、动物学、矿物学和天文学，上课的方式也是唯其独有：学生只须认真听讲，无须在家预习。他对死记硬背简直恨之入骨。学生需要做到的事，是用自己的语言复述课上学到的知识。他用简单直白的词汇，让学生领悟到大自然的神奇魅力。而且，他偶尔还会给我们讲些教学大纲之外的东西，比如说地质学、古生物学，尤其是物理和化学领域的现代成果，这些成果给人类带来的进步以及对未来的预期。他告诉我们，将人类文明推上一个新的台阶，是我们年轻一代的责任。我想，我后来之所以决定投身科学事业，主要是归功于他的教导。卡夫卡对这些理科课程都没有太大的兴趣。高特瓦特教授在上课时经常会采用一些比喻，特别是当他说到爱情和性知识的时候，往往会用这种方式作为解释。这在当时——1899 年！——的中学里是不被允许的。有一次，他甚至给我们上了一堂完整的"启蒙课"。我们当时对此毫无准备。我们只注意到，校长在上课前便来到教室，坐在最后一排座位上，全神贯注地听讲，一直到下课。高特瓦特教授当然不能讲得太仔细。不过，我们大家几乎都听懂了他讲的内容，在之后好几天，我们还在私下讨论他那些话的含义。我记得他说过：享乐不是罪恶，也不是耻辱，前提是要有理性和责任感；大自然创造人类不是为了让他舍弃，而是让他利用那些自然所赋予的能力——在所有方面。

十年后，我向母校毕业班的学生讲述了同样的话。当校长弗兰克邀请我作为学长给学生们讲课时，我的内心里萌生出一股骄傲的满足感：如今，我终于可以无所顾忌地给这些男孩子讲授性知识，提醒他们警惕性病的危险，并回答他们提出的各

43

市民游泳学校

种问题。又过了十年之后，这些内容变成了必修课。

值得一提的是，高特瓦特教授从未提起过上帝。我想，我们当时也没有勇气跟他探讨这一问题。但是在探讨其他问题时，我们往往是信马由缰，无拘无束。

中学毕业后，我和卡夫卡也经常见面。因为我俩都是"布拉格阅读和演讲大厅"协会的成员。这家协会有一间阅读室和一个巨大的图书馆，我们总是频繁地去那里借书还书。另外，我还经常在游泳学校遇见他。不过，我并不像马克斯·布罗德、胡戈·贝格曼、奥斯卡·波拉克和韦尔奇兄弟等人那样是他的密友。因为我整天忙于各种体育活动和医学学业，没有多少时间和这个注重精神交流的圈子打交道。但是，我们偶尔会在剧院、咖啡馆（大陆或阿尔科咖啡馆）或是舞会上碰面。卡夫卡对我从来没有做到过推心置腹。一战结束后，我很少再见到他。大部分时间，他因为生病的原因都住在布拉格以外的地方。

一位同窗的回忆

摘自对兹登科·瓦内克²⁷的采访

我父亲是梅图耶河畔波利采的镇长，我最初就读于布罗乌莫夫的德语文理中学。由于我天性叛逆，有一次在宗教课考试中得了"5"分，因此被学校开除。我在布拉格有一个亲戚，卢卡斯教授。通过他的关系，我转到了老城文理中学上学。正如马克斯·布罗德在回忆时所说，这所中学一向以管理严格闻名。在这里给我帮助最大的是罗西奇（Rosickčy）教授。他是所有教师中唯一一个捷克人，也是卡夫卡的捷克语老师。我很快便适应了学校的环境。当时，全校只有我一名捷克学生。

我的同学大都来自富裕的犹太商人和工厂主家庭。我们这群人当中只有个别人有着不同的宗教信仰，因此每次上宗教课时，我们这几个人都得在拉比走进来之前离开教室。当时的犹太年轻人深受犹太复国主义运动的影响，我本人对这场运动也很感兴趣。对我影响最大的是胡戈·贝格曼，还有卡夫卡，后者早在小学期间便已成为一名热情的犹太复国主义分子。²⁸他经常给我讲解这场运动的宗旨和目标，特别是当我俩一同逃课的时候。在这方面，我和卡夫卡在很大程度上是受到了贝格曼的感染。贝格曼后来在布拉格大学上学时，逐渐演变成为布伦塔诺所推崇的理性有神论（Rationaler Theismus）的信徒。他是布伦塔诺的弟子，就像布罗德在专著中提到的一样。贝格曼后来娶了布拉格著名药剂师凡塔的女儿为妻。卡夫卡也曾参加过凡塔家举办的"康德之夜"沙龙活动。

我们所在的文理中学位于老城环路的金斯基宫，卡夫卡父亲赫尔曼后来在这里开了商店，就在同一座宫殿建筑里。卡夫卡比我低一年级，当时正在上七年级。我进校后不久，我俩便成为朋友。他当时住在学校对面，老城环路拐角处的"奥佩尔特屋"。[29] 他性格安静，稳重，喜欢思考，这种沉稳的性格颇合我意。埃贡·埃尔温·基希（Egon Erwin Kisch）和卡夫卡正相反。他身材矮小，性格张扬，富有攻击性，喜欢信口开河，是人们常说的"大嘴巴"。[30]

卡夫卡在我眼里更像是一位沉静、审慎的哲学家。我经常去他家里找他，那里有他订的许多社会学杂志和各种月刊，他总是读得如饥似渴。我对卡夫卡家里的气氛也十分熟悉，在这样的家庭环境里，他简直就像个格格不入的异类。卡夫卡父亲虽然对儿子的爱好抱以理解，可他内心里还是希望儿子也能成为一名商人。谢天谢地，他的愿望没有实现。

老城文理中学的八年时光

埃米尔·乌提茨[31] 的回忆

我和弗朗茨·卡夫卡一起在布拉格老城文理中学上了八年学：从初一到高中毕业。当时，在世纪之交的"老"奥地利，这所学校有一个特别之处：几乎所有学生都是犹太人。

说到这里，我必须对当时的情况稍做解释，因为在我看来，这对卡夫卡的思想发展进程具有至关重要的影响。人们往往把卡夫卡称作当今流行的存在主义哲学的天才作家代表。尽管这之间存在一定的关联，但我认为，这种归类方式并不恰当。

笼统地讲，存在主义哲学描述了一种边缘情境，这种情境乍看上去是没有任何出路的，因此，它迫使人不得不将注意力转向自我。在这个过程中，大多数人走向了与体制的和解，并从此隐身于其中。只有极少数人在通往虚无深渊的边缘，敢于鼓起勇气接受考验并做出抉择，这一抉择将使人的内心最深层的意识产生动摇。

这种情境的一个典型例子便是第一次世界大战的战壕。它的面前是死亡，背后是一个今非昔比、不可理喻的世界。战壕里大多数人都听从于某个口号，只有极少数人能够让自己接受一种极端的自我考验。

但是，我们所在的文理中学绝非一个危险的战壕。不过，它是布拉格大多数犹太人在世纪之初所处的孤岛式封闭状态的一种表现。我后来经常把它比喻成一个规模逐渐萎缩的自然公园，或是在四周水域的包围下、边缘不断受到侵蚀的一座冰山。

这些犹太人拥有自己的报刊和剧院，还有自己的讲座和社团。他们生活在一个自愿设立的隔离区里，却又对此浑然不觉。阿道夫·冯·索恩塔尔[①]的演出是一年一度的大事件之一，莱辛的剧作《智者纳旦》[②]（*Nathan der Weise*）是"他们"的经典剧目，戈德马克（Karl Goldmarck）的歌剧《示巴女王》[③]（*Die Königin von Saba*）的上演是一个"民族性"事件；埃米尔·奥尔利克（Emil Orlik）是一位极具分量的画家，胡戈·萨卢斯（Hugo Salus）和弗里德里希·阿德勒（Friedrich Adler）是"伟大"的同胞诗人。他们试图将所有备受重视的欧洲文化价值观，强行纳入这个狭窄的充满中产气息的框架之中。

一个看似令人惊讶然而颇具典型性的现象是：截至今天，我们还从未对这种从心理学和社会学角度看尤为有趣的情况做过深入研究——这个自我设立的（犹太）隔离区根本不想被同化，而是相反，它按照自己的意愿对所有外部影响加以"篡改"。

奥地利统治下的世界看起来简单而优雅，可是，犹太人并不真心看重它。他们对奥地利人的反犹主义和教权主义充满鄙夷。他们与军队和宫中权贵从无深交，因为维也纳的贵族宫廷

---

① 阿道夫·冯·索恩塔尔（Adolf von Sonnenthal, 1834~1909），奥地利犹太裔演员，生于布达佩斯。

② 德国诗人、戏剧家莱辛创作的五幕诗剧，以歌颂人文主义以及启蒙运动的宽容思想为主题，剧中主人公纳旦系犹太教徒。

③ 又译席巴女王，在希伯来圣经记载中，是一位统治非洲东部示巴王国的女王，与所罗门王生活在相同年代。其治下的势力在最强盛时期疆域涵盖非洲之角及大也门地区。

48

中学毕业照（1901 年）

文化与布拉格犹太人的自由主义公民观念是背离的。他们忙于赚钱和投资，好让他们的儿子能够接受高等教育。他们与苏台德地区的德意志人没有任何瓜葛。从其"边缘人"（Randorl）这个略带贬义的绰号，便可反映出这些人与外界的隔膜。他们对德意志国中德意志人的勤奋十分欣赏，但对这一人群却并无好感；在他们眼里，那是令人反感的另外一个世界。直到 T.G. 马萨里克（T. G. Masaryk）在希尔斯纳案件[32] 中作为律师登场，犹太人与捷克民众之间交流的大门才被开启。里尔克的早期诗歌及其寓言小说《博胡什国王》（*König Bohusch*），也在这方面对一小部分人产生了影响。

今天，半个世纪过去，这一切已经成为过去，从此一去不复返。这块自愿设立的隔离区的墙壁慢慢开始崩塌。自捷克斯洛伐克成立之后，年轻一代犹太人当中的大多数人陆续加入了捷克人阵营或犹太复国主义阵营，后来，希特勒的崛起为这个时代彻底画上了句号。或许，这个时代在某种程度上显得有些非同寻常。但是，如果你想象一下它所孕育出的众多才华横溢的天才，那些活跃在各种艺术和科学领域的著名人物，他们在整个欧洲乃至全世界所获得的认可，你就会不由得对它产生敬意。因为这是真正的同化之路，在文化价值的层面上。

我们上中学的时候，正弥漫着这样的气氛。我们所有人都能感受到自身位置的边缘性、有限性和人为性。在我们的班级里，除了弗朗茨·卡夫卡之外，还有哲学家胡戈·贝格曼，后来成为耶路撒冷大学校长的艺术史学家奥斯卡·波拉克，德沃夏克的拥趸[33]、一战中阵亡的记者保罗·基希，皮肤科医生、后来成为布拉格共产党市议会成员的胡戈·赫希特。在比我们低一年的班级中，还有作家马克斯·布罗德，他是卡夫卡最亲密的朋友和发现者。[34] 我们有一个很小的文化圈子，在那里，我们激烈地讨论所有时髦的话题：关于自然主义、新艺术风格和象征主义；关于社会主义、犹太复国主义和民族主义；关于个人主义和集体主义、宗教和无神论，等等。我们彼此争吵，继而又握手言和。直到今天，我仍然能够记起这种让我们经常陶醉于其中的莫大精神愉悦。从某种意义上讲，这是每一代年轻人都会经历的一种自然天性的释放。但是，不断激化的边缘处境让布拉格犹太人逐渐陷入了一种绝无仅有的特殊境地。

卡夫卡当时的心境又是如何呢？直到很久之后，我才意识到，他内心对这种边缘处境的感受比任何人都要强烈。他的一生都在为了克服它而不断搏斗。这是他对自我所展开的一场审判。他的每一部作品，都是某个局外人为了生存而做出抉择的结果。

从外表上看，他是最安静、最沉默和最克制的人。如果要我说几句对卡夫卡的泛泛的、最具概括性的印象，那就是，这个人在外表上并无特别之处。

他的父母算不上穷，也谈不上富。他们的店铺就开在金斯基宫这座建筑里，我们的中学在它的三层，紧临老城环路。在他去世前的几周，当我去家里探望他时，他依然住在这里。[35] 由于患有肺结核，他不被允许也不能说话。他面露微笑，和蔼，安静，羞涩，略有些神秘，这种微笑自少年时便一直伴随着他。

他的衣着也没有表现出任何诗人或波希米亚式的风格。他的着装总是干净整洁，低调朴素，没有一丝破旧，但从不过分讲究。

在中学时期的最后几年里，他和同学埃瓦尔德·费利克斯·普日布拉姆（Ewald Felix Přibram）建立了亲密的友谊。[50] 我们所有人对普日布拉姆都敬而远之，因为他接受了施洗——这在当时是一件很罕见的事情——因此他从不上宗教课。普日布拉姆是来自一个同名的学者大家族。他的父亲是一家保险公司的高层职员，卡夫卡在法学系获得博士学位后，也在这家公司工作。这件事也并不奇怪，而是人们眼中的"正常"人生轨迹。

普日布拉姆本人——这个可怜的家伙后来在比利时为逃避德国人追捕而溺水身亡——在某种程度上和卡夫卡一样：总是彬彬有礼，面带微笑，亲切而拘谨。

当我在很多年之后见到天才雕塑家和画家恩斯特·巴拉赫（Ernst Barlach）时——其作品深受俄国人的影响——我立刻便想起了年轻时的卡夫卡。他的着装、住所、言行举止，也和卡夫卡一样低调。一个生活在寻常百姓中的手艺人，但是他的灵魂却被来自地狱和天堂的魔鬼追逐不休。

我所说的这些对学生时的卡夫卡同样适用。他算不上学霸，可也不会有挂科的危险。只有在中学毕业考试前，他一度感到十分恐惧。其他时候，他对学校的事情总是保持着若即若离的态度。这种态度绝非傲慢，而是有些隔阂，似乎他从内心里对这些事情并不感兴趣，却又不得不妥善对待。

要说骄傲或傲慢，那是你在卡夫卡身上最难找到的东西，这就像指责他狂妄或冒犯一样荒谬。大家都喜欢他，敬重他，但却从未真正了解他：他的周围，仿佛被一层薄薄的玻璃墙包裹。他用安静、仁慈、善意的微笑，把自我向世界敞开，同时又紧紧关闭。他从不参与我们那些嘈杂的社交活动。只有一次，他随我们一起去了一家气氛可疑的小酒馆。但即便在那里，他也和平时没有两样：一个客人，对陌生的环境充满兴趣，面带善解人意的笑容，却又始终保持着距离。

51 　　我对卡夫卡的了解并不多。我承认他的人格魅力，但我也必须承认，对于他身上的作家气质，我是在很久以后才有所意识。这肯定是我的错，可这也是他的特点。关于另外几位后来颇有建树的同学，我能够谈的要多得多，因为他们愿意与人分享。然而谈起记忆中的卡夫卡，我所想到的却不是具体的话语和事件，而是一幅几乎令人感动的画面：一个身材修长、外貌看似少年的男人，他是如此安静、精致，近乎圣洁；他品性善良，笑容略带羞涩，他承认每个人身上的优点，但总是保持着一些距离和陌生感。

青年卡夫卡

利奥波德·B.克莱特纳 [36] 的回忆

　　大概是在 1902 年秋天，但肯定不晚于 1903 年春，我第一次在布拉格遇见了卡夫卡。这是一次伴随着痛楚的相遇：他狠狠地揍了我一顿，因为我和另外两个调皮的十来岁的男孩，打搅了这位比我们大约年长十岁的青年的"好事"，当时他正在一个小公园里与他的伴侣谈情说爱。我们认识他，因为我们在同一所学校（老城文理中学）上学。我们是六年级的学生，而他是即将走出校门、开始大学生活的"毕业生"。[37] 当我们十年后第二次相遇时，他并没有忘记当年的那次痛打，更何况我们是在几乎相同的情境下再次相遇的：在尼克拉斯大街他父母的公寓里；在那儿，他在妹妹奥缇莉的房间里意外撞见了我和他迷人的表妹玛莎。这次只有道歉和笑声，而没有殴斗。我不敢说，这是我们友谊的开始。但是从那时起，我俩的确开始频繁地见面，直到一战爆发。我不仅有机会在卡夫卡的家里，也有机会在文学圈子里见到他。

　　卡夫卡并不是一个内向的人，这与读者在阅读他的作品时的印象显然有些矛盾。但在那个时期，他几乎可以说是内向的反面。在社交场合，他可以表现得——而且大多数时候确是如此——风趣幽默，总是口若悬河，无论是说德语还是捷克语。当然，他是一位德语作家，更准确地讲，是一位用德语写作的作家。强调这一点在我看来十分重要，因为这是其写作的一个重要特征。弗朗茨·卡夫卡是独一无二的三种文化的产物：捷克文化、德意志文化和犹太文化。

54 　　1860年，犹太人终于实现了彻底的权利平等。许多犹太人抓住这个机会，把家搬到了布拉格和维也纳。他们在那里开店经商，从而让自己的物质生活得到改善。根据当时的法律规定，所有商业活动必须使用德语——全部账目都要用德语记录——因此，至少是部分程度的"德语化"成为对每个经商者的要求。卡夫卡的父亲赫尔曼也是和这拨人一起来到了布拉格，并在这里开设了自己的店铺。可是，他从未忘记自己的捷克出身以及曾经接受的捷克语教育。一直到去世前，他都是用捷克语拼写自己的名字："Herman"①。[38] 在我的记忆中，他讲的德语虽然流利无误，但却带有浓重的捷克口音。卡夫卡的母亲也是一样。她把自己的名字尤莉叶（Julie）读成"尤莉娅"（You'-ly-ah）。她是一位善良的犹太母亲，但绝不是一位"意第绪妈妈"。在卡夫卡家，是不允许讲"犹太语"（Jargon）的。卡夫卡直到晚年才开始学习意第绪语，目的是能够读懂哈西迪犹太文学作品。

　　卡夫卡之所以用德语写作，是基于一个现实原因：他在学校中接受的是德语教育。而这一点，则纯粹是由居住环境的原因造成的。卡夫卡父母家附近的布拉格市中心——也被称作老城——的学校都是德语学校，走路上学只需要不到五分钟时间。虽然他后来是在布拉格费迪南德·查理德语大学就读，而且还是"德意志学生阅读和演讲大厅"协会的成员，可是和其他所有同学不同的是，这位年轻的法律大学生从来都没有彻底切断与捷克语以及捷克人之间的联系。自1902年起与卡夫卡交好的密友马克斯·布罗德便曾讲过，他在卡夫卡去世后才惊讶地得知，后者在生前竟然与几位捷克作家——斯

---

　　① 比德文拼写少一个字母"n"。——译者注

坦尼斯拉夫·K.诺伊曼（Stanislaw K. Neuman）、弗兰·斯拉梅克（Fráňa Šrámek）、卡雷尔·托曼（Karel Toman），尤其是《好兵帅克》的作者雅罗斯拉夫·哈谢克（Jaroslav Hašek）等人——有着密切的来往（哈谢克作品的出版商西内克［Synek］告诉我，1923年，为了找人把《好兵帅克》翻译成德语，他听从作者建议找到了卡夫卡，但遭到了拒绝）。这些捷克作家自称"年轻人俱乐部"，定期在布雷什克舒饭店举行沙龙，并在沙龙上热烈地讨论有关文学、艺术、哲学以及带有社会无政府主义倾向的政治问题。我从哈谢克和托曼那里了解到，卡夫卡经常不定期地出席这些人的聚会。卡夫卡对古典和当代捷克文学十分精通，而且还经常去观看捷克语的戏剧演出。

文学、哲学，偶尔还有音乐（卡夫卡有一段时间曾经在一支弦乐四重奏乐队里担任第二小提琴手），[39] 是这个朋友圈子感兴趣的主要话题。这群人最初是在弗朗西斯咖啡馆、卢浮宫咖啡馆和大陆咖啡馆聚会，后来几乎都是在阿尔科咖啡馆。除了召集者布罗德——当时他已经是一名邮局小职员——之外，出席聚会的还有当时担任年轻拉丁语教师的哲学家埃米尔·乌提茨（1933年，他因为犹太人身份而丢掉了在哈勒大学美学和哲学系教授的职位，不过，在我们的帮助下，他又在布拉格大学获得了同样的教职），艺术史学家奥斯卡·波拉克，图书馆管理员费利克斯·韦尔奇，以及后来成为耶路撒冷大学首任校长的罗马语言文学专家胡戈·贝格曼 [40]。所有这些人都是卡夫卡在老城文理中学的同学。他们在白天——更多是在晚上——会面时，并不总是在讨论那些深奥的学术问题。这些当时还是一群处男的伙伴们，经常会在偷偷翻看过酒保珍藏的色情书籍后，一起溜去卡姆齐科娃街"金匠太太"（Madame Goldschmidt）的色情场所玩要。在一战前，这里有舞会和上好的咖啡，还有一群穿着暴露的"女子"，只要花上十个奥匈帝国克朗的固定费用，就可以享受到她们的专业服务。乌提茨和贝格曼都曾证实——这也是我个人的观察所见——当时的卡夫卡绝不是一个羞涩拘谨的青年男子，就像后来一些人描述的那样。这些人有的是在卡夫卡步入中年后才与他相识，有的甚至压根就没亲眼见过他。

除了这个朋友圈子之外，还有贝尔塔·凡塔太太的文学沙龙。在这位富有的药剂师遗孀[41]位于老城环路的房子里，经常聚集起一群布拉格德语圈功成名就的知识精英和初出茅庐的新秀。在凡塔太太家，可以遇到性格有些古怪的克里斯蒂安·冯·厄棱费尔（Christian von Ehrenfels）教授，他是弗朗茨·布伦塔诺的学生，当时在布拉格技术大学任教；[42]另外，还有小提琴不离身的阿尔伯特·爱因斯坦，[43]诗人和妇科医生胡戈·萨卢斯（"新艺术风格"的代表），年轻的指挥家奥托·克伦佩勒（Otto Klemperer）和埃里希·克莱伯（Erich Kleiber，他后来出任柏林国家歌剧院总指挥），以及各种到访布拉格的名流，比如莱纳·玛利亚·里尔克和名声堪比歌德、当时还是人智学家（Anthroposoph）的鲁道夫·施泰纳（Rudolf Steiner）。按照凡塔太太的安排，只有指定的嘉宾才能为整个沙龙定调，因此，每次活动结束后，大家都憋得想赶紧跑出去，呼吸一下老城的新鲜空气。卡夫卡在大多数时候都是一名安静的听众，但偶尔也会抛出一个关键性问题，或者是尖锐的点评，从而把"浮夸"的讨论重新拉回到事实的层面上。有时候，出于对沙龙上经常出现的这种傲慢气氛的反感，他会选择放弃参加聚会。我记得有一次，大概是1913年的某次沙龙活动，当晚的嘉宾是德国女诗人埃尔泽·拉斯克 – 许勒尔（Else Lasker-Schüler），一个格外矫揉造作、做派夸张的人物。午夜时分，我们所有人（我记得弗朗茨·韦尔弗和埃贡·埃尔温·基希那天也在）一起离开了活动现场。看着老城美丽的广场，还有笼罩在神秘月色下的一左一右两座哥特式尖塔，我们的女嘉宾——她自称"忒拜王子"（她的诗集便是以此为名，译注），并且极力把自己打扮成这个模样——情不自禁地跪倒在地，开始即兴吟诵诗句。一名警察走过来，问她是什么人。她傲慢地答道："我是忒拜王子！"卡夫卡立刻纠正道："她不是忒拜王子，她是选帝侯大街的蠢妇。"44

如果我没有记错的话，埃尔泽·拉斯克 – 许勒尔是库尔特·沃尔夫（Kurt Wolff）介绍给大家的。沃尔夫是莱比锡的一位出版商，专门出版战前一代年轻德语作家的作品。这次他到布拉格来，为的是与新锐作家建立联系，这些作家他要么是从布罗德那里听到过名字，要么是在《风暴》（柏林）、《革命》（慕尼黑）等小型月刊上读到过他们的作品。这些刊物上发表的都是些离经叛道的年轻人的作品，负责出版的也是同一群人。当时，布拉格的年轻德语作家大致分成两派：一派是以布罗德和他的小圈子为代表的创作者，他们大都出生于1880年前后，年纪大约比另一拨儿人长十岁；另一派是弗朗茨·韦尔弗和他的朋友们。布罗德已经发表了两部长篇小说：《诺内皮格城堡》（*Schloß Nornepygge*，幸亏它今天已被人遗忘）和另一本水准高得多的《捷克女仆》（*Das tschechische Dienstmädchen*）。45 卡夫卡当时正在尝试写作，还没有发表过任何作品。布罗德对我们这些小字辈总是嗤之以鼻，而对韦尔弗却心怀嫉妒。46 他把这种不光彩的心理写在了自己的代表作《第谷·布拉赫走向上帝之路》（*Tycho Brahes Weg zu Gott*）中，在这部作品中，他把卡夫卡归到了天使的一边，把韦尔弗塑造成了布拉赫对手开普勒的形象，然后把所有其他人

57

都描写成"黑暗中的野兽"（bêtes noires）。事实上，卡夫卡从某种意义上讲的确是处在两派之间的位置。沃尔夫当时一心想把他"拉进自己的马厩里"（其本人原话）。卡夫卡经常和我们一起在阿尔科咖啡馆见面，我们甚至把他看成了和我们一拨儿的人，特别是当他为我们朗读《变形记》初稿之后。另一方面，布罗德则几乎把他当成了自己的财产。战争的爆发更是给了他机会，可以借机进一步扩大对卡夫卡的影响。因为随着战争爆发，我们其他人都被迫离开了布拉格。如今，卡夫卡的名字已经和布罗德的名字牢牢绑在了一起，因为后者被其指定为文学遗产的管理人。

58 　　战争的后半段，我们这群年轻的布拉格文学爱好者大多都是在维也纳度过的。战争结束后，我只是偶尔回到如今已成为捷克首都的布拉格，与卡夫卡也是偶有会面。此时，他已经身染恶疾。比我们更年轻的一代人开始在布拉格文学界登台亮相，在卡夫卡看来，这些人既没有创造力，也让人难以寄予厚望。他更感兴趣的是哲学和犹太教，当我们谈起这方面的话题时，他两眼放光，几乎要燃起火苗。虽然他如今已两鬓斑白，可他在我眼里依然很年轻，透着少年的气息。他的声音轻柔细弱，音调很高。在我们难得的几次会面中，有一次我问他是不是还唱歌（他有一副男高音的嗓音，音域不宽，但音色很美；偶尔，他会在家中哼唱）。我俩当时是用捷克语交谈，听到我的问话，他面带笑容，幽默地用一句押韵的话回答道："您知道，乌鸦只会叫呱呱。"① 后来，卡夫卡聪慧的妹妹和知己奥特拉听完我给她讲的这段故事后，忍不住流下了眼泪，并且告诉我，她对未来十分担忧。她抱怨说，弗朗茨"经常偷偷溜出

---

① "卡夫卡"在捷克语中是"乌鸦"之意。

去，去和女人私会"。我记得在这次——大概是 1923 年——之后，我和卡夫卡只见过一两次面。每次我来布拉格时，他总是不在，要么是去了维也纳，要么是在波希米亚森林某地疗养。他死于 1924 年。

在卡夫卡家做保姆

安娜·普察洛娃的回忆
哈努斯·弗兰克和卡雷尔·斯梅卡尔 [47] 记录

安娜·普察洛娃女士现居卢日尼采河畔韦塞利，年近八十三岁。她出生在捷克布杰约维采，父亲是一名铁路工人。她是由赫尔曼·卡夫卡先生在斯特拉科尼采的熟人推荐，从1902年10月1日开始到布拉格卡夫卡家做保姆的。当时，她是一个年仅二十一岁的苗条漂亮的姑娘，弗朗茨·卡夫卡那年十九岁。可以肯定，他对这位初到布拉格的乡下姑娘一定有所注意，而她很可能也以自己的方式吸引了他。普察洛娃在回忆时也描述了这段关系。想来不仅是因为时隔久远，同时也是受到这两个年轻人在情感关系中稳重克制的影响，这段回忆才充满了特别的温情。

"我负责照看弗朗茨·卡夫卡的三个妹妹，"安娜·普察洛娃女士就这样开始了她的叙述，"她们是十五岁的加布里艾莉、十三岁的瓦莉和十一岁的奥缇莉（奥特拉）。当时，艾莉已经在申博恩的私立学校上学，另外两个女孩每天早上由我送到肉市街的市民学校。这几个女孩都很乖巧，学习很好。性格活泼的奥特拉是个调皮鬼，但也是最受宠的一个。弗朗茨在查理大学攻读法律。他的父母在策尔特纳街3号开了一家店铺，他们的住宅位于同一栋楼的三层。这座房子有两层地下室，据说最底层有一条通道，可以直通老城环路。

在泰恩教堂牧师住宅和策尔特纳街3号房子之间有一条小巷，通过这条小巷可以进入教堂。小巷的左侧当时是一堵高

卡夫卡的父母

墙，贴墙搭建了许多小屋和储藏室，顶部形成了一个宽敞的平台。平台的尽头是一扇玻璃门，通向教堂内部，挨着管风琴的祈祷室。

　　赫尔曼·卡夫卡先生身材高大魁梧，外貌英俊，是一位严厉的家长。尤莉叶·卡夫卡女士个子中等，是一位亲切和善的女主人。她决定雇用我时，告诉我，厨娘范妮——一个体形丰满的三十岁女子——平时活儿很多，所以每天上午，当孩子们都在学校时，如果我有空的话，不妨给范妮搭把手。我主要负责的事，是给弗朗茨准备早餐。

　　卡夫卡太太亲自负责采买。她会告诉范妮该做什么饭，然后，她通常会在盘子上准备一小份可可，里面放上一块巧克力，往小锅里倒一点儿牛奶，切一块蛋糕，再配上一小块黄油。然后，我来制作早餐，把所有东西码在托盘上，再端到弗朗茨·卡夫卡的房间。房间里靠窗户的位置有一张小桌子，我总是把早餐放在那里。

这位年轻的男主人长得又高又瘦，生性严肃，不爱说话。
他和我讲话时，声音总是很轻，很安静。他大部分时候都是穿着深色的西装，有时还会戴上一顶黑色的圆顶礼帽。我从没有见过他情绪激动或大笑的样子。每天吃完早饭，他就出门了。范妮负责整理床铺、扫地，我来擦拭灰尘。有时候，弗朗茨先生很快就回来了，有时直到中午才回家。他的房间布置得很朴素，位置在餐厅的左侧。房门总是敞开着。门边上是一张写字桌，上面放着两卷本的《罗马法》。对面的窗户旁边是一个衣柜，前面放着一辆自行车，然后是床，旁边是一个床头柜，门口还有一个书架和一个洗漱台。说起当时卡夫卡家的藏书，我记得有一本关于梅耶林惨剧的书。人们对鲁道夫王储和情妇玛丽·韦切拉的殉情事件一直念念不忘，因为在前奥匈帝国，不允许人们谈论或书写这件事。我津津有味地读完了这本书，它是在莱比锡出版的。

卡夫卡一家平时读的报纸有《波希米亚报》和《布拉格日报》。

卡夫卡的妹妹瓦莉、艾莉和奥特拉（从左至右）

弗朗茨·卡夫卡很注重身体的锻炼。每天晚上，范妮帮他铺床，可到了早上，马毛床垫却放在自行车旁边的地板上，床上的床单却很平整。这位年轻的男主人难道每天都是睡在草垫上吗？家里没有人谈论这件事。在餐厅旁边有一个大房间。如果天气不太冷，几个女孩子就会脱光衣服，在房间的地毯上，按照弗朗茨的要求做一会儿呼吸练习。

我们每天都去莱特纳公园的山坡上散步。有时候，我们和弗朗茨一起去坐高堡旁边的轮渡。开渡轮的是一个魁梧的彪形大汉，一个典型的伏尔塔瓦河船夫，名叫苏切克（Souček）。他认识卡夫卡家的所有孩子，而且非常喜欢他们。几个女孩子在船上可以为所欲为，弗朗茨总是撺掇她们，让她们自己划船。

这位年轻的男主人十分用功。他在家的时候，几乎总是坐在书桌前，学习和写作。赫尔曼·卡夫卡先生与孩子们平常都是和我一起吃午餐，卡夫卡太太一直要等到'掌柜先生'回店铺工作后才用餐。弗朗茨中午回家后，总是喜欢等着母亲一起吃饭。

几个女孩子吃完饭后，立刻跟着我回到儿童房。有时候，她们下午还得去上学；有时候，是自己学习或者做作业。冬天的下午，她们会去溜冰场，在手摇风琴的音乐伴奏下溜冰。每周两次，我带她们去兹科夫区上法语课；还有一位钢琴老师，每周会过来两次。在空闲时间，我总是有一堆缝缝补补的事要做，如此日复一日。有一次，弗朗茨把他的睡袍从口袋到边缘撕了个大口子。他拿着睡袍找到我，问我能不能帮他把破洞补好。我答应他试试看。我找来一块颜色相近的绸布，然后坐到厨房煤气灯下，开始缝补工作。艾琳卡跟了过来，弗朗茨也跑过来看，然后马上问妹妹，她是不是也会这个。我替她回答说，她长大了肯定能学会。艾琳卡连忙说是。睡袍缝补后的效果很好，弗朗茨开心极了。有一次，奥特拉不知从什么地方带回了一只黄色的小金丝雀，弗朗茨和妹妹们都很喜欢它。他还给金丝雀取了个名字：卡拉崩塔拉（Karabontara），一个十分拗口的名字。女孩们必须努力练习，免得像弗朗茨说的那样累断了舌头。过了一段时间，这个毛茸茸的小家伙已经习惯了弗朗茨给它起的名字。金丝雀每天早上都会趁我们收拾鸟笼的时候，在大家很少去的大厅里绕着圈子飞来飞去。玩耍时间结束后，瓦莉走进大厅，伸出手叫道：'卡拉崩塔拉！'金丝雀听到后飞过来，落到瓦莉手上，然后被送回笼子里。看样子，弗朗茨肯定是在业余时间对它进行了训练。金丝雀之后不久，家里又多了另一个'动物成员'。有一天，女孩们不知从什么地方带回来一只小狗，一只小狐狸狗。'可是，我们在学校的时候，谁来喂狗呢？当然是小姐啦！'于是，大家又要花费些时间来训练狗，因为它还不会自己进食，我们必须教它如何用奶瓶喝牛奶，然后再换成碗。

每次弗朗茨来厨房时，我和厨娘范妮总是很开心。这位年轻的男主人总是不苟言笑，就连他那愉快的目光，也显得有点儿严肃。他会询问我们心情如何，工作多不多。范妮有时会抱怨说，她又挨了男主人的责骂。弗朗茨听后虽然只是点点头，可是这个动作中包含的对仆人的理解，比家里其他任何一个人都要多。

厨房的水槽上挂着一面小镜子。弗朗茨总是在午饭或晚饭前去水槽洗手。有一次，范妮跟他说，他要是一直盯着镜子，从镜子里观察我在做什么，他就会把肥皂水溅得到处都是。我当时红了脸，年轻的男主人只是微笑着走开了。过了几天后，他在早餐后问我，头天晚上做了什么梦。我不记得我是怎么回答他的，我只知道我又开始脸红，然后匆匆结束了对话。毕竟我年纪稍长，而弗朗茨·卡夫卡虽然举止像个成年男子，可外

大学期间的卡夫卡

表给我的印象却像个大男孩。确实，当时他的样子看上去完全就是个少年。

我从我来这个家的第一天起，就对弗朗茨的母亲尤莉叶·卡夫卡太太充满了好感。她每个工作日和星期天上午都在店铺里忙活，回到家里也总是忙个不停，对每个人都很和气。一个星期天下午，她突然走进厨房，当时，我正坐在桌子前写字。她从我身后抚摸我的头发，我转过身叫了声'妈妈'。我结结巴巴地解释了几句，然后沉默下来，最后又道了歉。当时，我刚刚写完一封给家里的信，满脑子想着的都是我的母亲！卡夫卡夫人再次抚摸了一下我的脸颊，告诉我她一点儿都不生我的气。'我毕竟是四个孩子的母亲，'她又说了一句。"

今天采访安娜·普察洛娃女士的问题，她几乎一一给出了
65 答案。但是，关于弗朗茨·卡夫卡和父亲或母亲关系的具体情
况，这位保姆却无法做出清楚的描述。按照她的说法，在她为
卡夫卡家工作的一年时间里，这一家人从来都不曾当着仆人们
的面处理家庭事务。但是，她对弗朗茨·卡夫卡那些年轻朋友
却始终记忆犹新，其中最常出现的是埃瓦尔德·费利克斯·普
日布拉姆，还有卡米尔·基比安（Camill Gibian，关于他和
卡夫卡之间的友谊，此前人们一直了解甚少），以及后来的马
克斯·布罗德。关于弗朗茨·卡夫卡和卡米尔·基比安之间的
关系，一个典型的例子是 1902 年除夕夜发生的一件事。

普察洛娃女士回忆说："除夕夜那天，卡夫卡一家应邀去
卡夫卡太太的弟弟家做客，并请我和他们一起去。我跟他们道
歉说，晚上我想待在家里。临出门时，卡夫卡太太说：'弗朗
茨也留在家里！'大约在午夜前三刻，门铃响了。是卡米尔·
基比安先生。门一开，他便问我弗朗茨在不在家。在我肯定之
后，他又问，他是不是已经睡下。我说：'请等一下，我去看
看。'说完，我便去了年轻男主人的房间，看屋里是否还亮着
灯。他正坐在桌前写字，我很不情愿地打扰他道：'少爷，基
比安先生来了！''你告诉他我在家了吗？''是的！''哦，天
哪！'他沮丧地点点头，穿上外套，没一会儿，就和基比安先
生一起出了门。那天晚上——准确地说，是剩下的大半个晚
上——弗朗茨是在某个愉快的聚会中度过的。不过，他和基比
安先生到底去了哪里，我到现在也不知道。

弗朗茨·卡夫卡在特洛伊区还有一个表亲，这个表亲在当
地有一个酒窖。有一次，我带着几个女孩一起去特洛伊。弗朗
茨和他的朋友埃瓦尔德·费利克斯·普日布拉姆还有卡米尔·
基比安已经骑着自行车先去了那儿，然后在酒窖等着我们。女
孩们跑去花园里玩，弗朗茨请我来到地下室，往酒杯里倒满

酒，说了声'干杯！'我出于礼貌抿了一小口，不想再喝。弗朗茨一个劲儿劝我，最后，我喝了大约三大杯。后来，三个小伙子还想劝我继续，可我还是道了歉，跑去找几个女孩子。

我迄今最喜欢的一本书是鲍日娜·聂姆佐娃（Božena Němcová）的《外祖母》（*Babička*），它给我留下了难忘的印象。事情是这样的：弗朗茨很关心几个妹妹在业余时间都和我聊些什么。我告诉他，她们捷克语说得很流利，只是语法掌握得不好。弗朗茨摆了摆手，说，'最重要的是说，语法可以再学。'后来，他拿给我一本带有精美插图的《外祖母》，接下来一连几天，我都在给女孩们读这本书。她们也非常喜欢。

我在卡夫卡家待的一年里，家里从来没有人生病，似乎每个人都有个铁打的身体。不过，弗朗茨中间去过一趟德累斯顿，到白鹿区看了一位名叫拉曼（Lahmann）的医生。回来后，我每周都按照拉曼医生的食谱给他烤一种蛋糕。这蛋糕不能给其他任何人吃。直到今天，我仍然记得这个蛋糕的配方：

把一个橙子和一个柠檬的外皮磨碎，加二十五克糖，糖粉必须用筛子细细筛过，以防止结块。然后加入六个蛋黄，搅拌半个小时。然后加入几滴柠檬汁，再放入两个生鸡蛋重量的淀粉，还有用六个蛋清打成的泡沫。最后，将面团缓缓倒入一个涂好黄油、撒上薄薄一层面粉的模具中，进行烤制。

放假前的一天，弗朗茨一身盛装走进了厨房。他头戴礼帽，胸前斜挎着一条绶带，严肃地行了一个军礼，然后转身离开。我想，他也许是刚刚通过了考试。不久后，我们去了拉贝河畔乌斯季附近的扎雷斯利小镇度假。我们整天在易北河里游泳，在河滩上晒太阳。大家总是分开活动，而且经常是裸泳，以便更充分地和大自然融为一体，享受阳光和夏日。弗朗茨去了德累斯顿，但很快就回来了。他在外面过得很开心。他整天骑车，和一个漂亮的女孩一起打网球。回到布拉格后，他写了

67　　一首长诗《斯黛拉》。这是那个女孩的名字。'安娜，弗朗茨对您不忠'，奥特拉跟我说。

　　一个星期天下午，大家坐在客厅里，奥特拉突然跑了进来，绕着桌子，一边跳一边唱：'啦啦啦，啦啦啦，我家弗朗茨爱上了安娜小姐！'她反复唱了好几遍。艾莉和瓦莉笑了起来，两人看着我，没说话。卡夫卡太太说：'奥特拉，你在瞎唱什么？'奥特拉回答说：'不，这是真事。''小姐，您怎么看？'（卡夫卡太太竟然称呼我'您'）'没有的事，您知道，奥特拉老是有好多怪念头。'其实，我有时候也对弗朗茨的彬彬有礼感到有些奇怪，他总是动不动跑来问候我，虽然我们一天里总能碰到好多次。

　　在卡夫卡家，大家经常谈起南波希米亚，他们一家人很喜欢这个地区。我对斯特拉科尼采很熟，赫尔曼·卡夫卡先生总喜欢回忆起他出生地附近的城市奥塞克，就在斯特拉科尼采一带。弗朗茨去过卢日尼采河畔普拉纳，那儿离我住的地方只有一小段路。后来，当大家再次谈起南波希米亚时，弗朗茨·卡夫卡打断大家的谈话，问道：'你们知道鲍日娜·聂姆佐娃的丈夫葬在塔博尔吗？'这对大家来说可是一件新鲜事，于是我们当下约定，一起去探访那处墓地。

　　当我弟弟古斯塔夫、一名中学三年级学生来到布拉格时，弗朗茨热情地接待了他。他向古斯塔夫问起有关南波希米亚的各种事情，问他是更喜欢在卢日尼采河还是内扎尔卡河游泳——这其实是一个玩笑，韦塞利人称之为"老河"或"新河"。当两人告别时，古斯塔夫对他说：'Nazdar！（多保重）'弗朗茨感到很意外，这个年轻人这么快就和他成了'好朋友'。后来，他还总是为此津津乐道。他说：'他跟我告别时，说的是'nazdar'，我们立马就成了哥们儿！'"

弗朗茨·卡夫卡为父母生日和其他庆祝场合写过几个剧本，这些剧本的标题虽然保留了下来，但手稿却遗失了。这些剧本包括《杂耍艺人》（*Der Gaukler*）、《照片说话》（*Photographien* reden）和《波杰布拉迪的乔治》（*Georg von Podiebrad*）[①] 等。特别是最后一部剧，从标题可以看出，观看国家剧院的演出让弗朗茨·卡夫卡受益匪浅。在家里排演话剧的传统——弗朗茨·卡夫卡身兼剧本创作和导演两项职务——一直延续到他上大学的时候。据说他和几个妹妹共同排练了《汉斯·萨克斯的独幕剧》（*Einakter von Hans Sachs*），这部剧的创作是受到瓦格纳歌剧《纽伦堡的名歌手》（*Die Meistersinger von Nürnberg*）剧本的启发。

安娜·普察洛娃女士也曾参与过其中一部戏的排演，她回忆起这段往事时说道：

"卡夫卡太太过生日时，弗朗茨按照妹妹们的要求，写了一出话剧。这部独幕剧的高潮是贺寿。我和女孩们按照弗朗茨写的台词进行表演。我们之前排练过几次，而且必须要背诵台词，弗朗茨是一个严厉的导演。首演的这一天终于到了。观众们坐在客厅里，舞台是整个餐厅，幕布是宽大的隔断门。卡夫卡太太的父亲和弟弟一家都来观看演出。据说，我们那天的演出非常精彩，表演也很出色。女孩们给我戴上了一副没有镜片的大号眼镜，让我在'舞台'上的样子看起来很有学问。虽然这部独幕剧的情节很简单，可我已经记不起来了。

卡夫卡一家生活中的一件非同寻常的大事，是犹太节日。在庆祝逾越节的时候，需要做一大堆工作。卡夫卡太太先是把

---

① 波希米亚第十六任国王，1458~1471 年在位。他是胡斯派的领袖，但对天主教却采取温和宽容的态度。在其统治期间，他一心想在波希米亚王国宗教分裂的情况下，促成胡斯派教徒和天主教徒之间的和睦相处。

所有平时用的餐具和瓷器都锁到橱柜里，然后我们拿着一个大篮子到阁楼去，那里存放着备用的餐具和瓷器，只有在过节时才会用到。我们把它们一股脑儿搬下来，仔细清洗，在整个过节期间，都是用这些餐具进餐。大家都吃逾越节薄饼，只有弗朗茨·卡夫卡不吃，家里人说，他不喜欢薄饼的味道。弗朗茨在过节期间的安排和平常日子一样，他工作，看书，而不会去做什么特别的事情。当时，我们用薄饼制作了一种美味点心，名叫'Mazze loks'，口感有点像布丁。弗朗茨非常喜欢吃这种点心。

说到美食，弗朗茨·卡夫卡很喜欢吃菠菜。一旦春天上市，菠菜几乎便成了卡夫卡家每天搭配肉食和其他菜肴的必备配菜。

1903 年 10 月底，我年迈独居的姑妈生了病，"普察洛娃女士用下面一段话结束了她的叙述，"于是，我辞去了在卡夫卡家的工作，以便去照顾她。弗朗茨向母亲建议，雇用一位法国保姆来代替我，这样一来，所有家庭成员都可以有机会练习法语对话。我依依不舍地离开了卡夫卡家。后来，瓦莉给我写过几次信，另外还有两次，我约了卡夫卡家几位女孩一起在布拉格散步。法国保姆一直陪在她们身边，她会讲德语，我们也和她搭了几句话。有一次，我遇到了弗朗茨·卡夫卡。他一看见我，就立刻露出微笑，摘下帽子，像往常一样礼貌地微微鞠躬。当时他也许是有急事要办，所以我们没能停下，一起好好聊聊天。很遗憾，这是我最后一次见到他。

后来，我再也没有听到过关于他的消息。直到 1924 年 6月——整整四十年前——我在《论坛报》上读到一篇马克斯·布罗德写的讣告：'弗朗茨·卡夫卡去世了。'"

与尼采相伴的私密时光

瑟尔玛·科恩[48]的回忆

您问我是谁？我是布拉格郊区小镇罗兹托基邮政局局长科恩的女儿。您知道罗兹托基和那片森林吗？您记得通往那里的陡峭小路，还有突然发现自己置身于那妙不可言的林间绿地时的惊喜吗？高高的草丛中长满了鸢尾花、茅膏菜和风铃花，草地中央有一棵非常非常古老的橡树！在这棵橡树下，我和弗朗茨小时候经常坐在一起，他给我念尼采的书。您问我是不是听得懂，布罗德博士，这可是五十五年前的事了。那时候，我们彼此爱慕，我很漂亮，他很聪明，而且我们俩都像天使般年幼无邪。

卡夫卡一家曾在我家二楼住了整整一个夏天。我家的花园一直延伸到高高的山坡上。坡上有一条长凳，傍晚我们经常一起去那里散步。弗朗茨手里拿着一根点燃的蜡烛。那里视野很开阔，可以俯瞰整个山谷，伏尔塔瓦河就像一条蜿蜒的银带，河对岸的克莱陶和布鲁基一片灯火通明。卡夫卡试图说服我实现上大学的计划。可是没有用，我父亲不允许我这样做——那时候，子女对父亲都是言听计从——于是，我俩从此分道扬镳。

抱歉，我没有太多可说的，这一切距离现在太遥远了。在我的记忆中，他是我的初恋，永生难忘。

伏尔塔瓦河畔的罗兹托基

回顾一段友谊

奥斯卡·鲍姆 [49] 的回忆

我仍然很难——准确地讲，是不可能做到——用客观和恰当的方式，就弗朗茨·卡夫卡这个人以及与其密不可分的艺术进行叙述乃至书写。这一切为时尚早。他的离世依然是鲜活的当下，是转而未逝的瞬间。这想象中的一幕太过自然：他站在我的身边，而我必须当着他的面思考，对他讲出这些话。他神色紧张——不，这种激烈的事情绝不会发生在他的身上——带着惊讶和疑问，以及宽大为怀的决心，微笑着默默握住我的手，让我欲言又止。于是，我只好借着这一阻止的动作顺势闭嘴，忍受着内疚和自责，拿起了笔。

我该如何对陌生人说起他呢？对那些不认识他的人来说，他们或许根本无法想象，世间竟会有如此独特之存在。哪怕是一个细微的条件反射的动作，也带有其个人所独有的特质。

他用无比敏锐犀利的目光审视着世界，为其祛魅，并从自身与他人的外在和内心生活中一层层剥离出真相。他从不审判，而只是陈述；他轻柔地抚摸每一个灵魂的内核，感受每一起事件和每一个正在发生的情境，没有仇恨和畏惧，也没有娇弱的感伤；他的手指是如此柔软和小心翼翼，是表达的优雅，抑或是意图的单纯和善良，让最无情、最冷酷的旁观者也不会因此受伤或感觉到寒意。他身上从不缺少对迷途的热爱，以及对事物形貌与细枝末节的迷恋，在一个如此富有表现力的作家身上，这一切自然无须赘言；但是，他对事物外在形貌与细枝

72 末节的了解是如此透彻，并能够以如此真切的方式，找出和发现隐藏在背后的核心真相，从而使永恒与偶然、本质与瞬息万变之表象之间的统一，转化为一种神奇而不可抗拒的必然。

我俩初次相遇的情景，迄今在我脑海中仍然记忆犹新。是马克斯·布罗德把他介绍给了我。在1904年一个秋日的午后，他把弗朗茨·卡夫卡带到我这里，并为我们朗读了他刚刚完成的小说《远足深红色》（*Ausflüge ins Dunkelrote*）。那时，我们只有二十岁出头。我们就小说的叙事问题展开了一场热烈的讨论，并以我们当时所习惯的委婉含蓄的措辞交换着彼此的观点。我迄今仍然能够回忆起当时的只言片语。卡夫卡说道："如果（读者）不必因为风格的介入而分散对事件的注意力，那么诱惑才是最强烈的。"

奥斯卡·鲍姆

令我印象最深的，是卡夫卡走进我房间后的第一个动作。在布罗德介绍他的时候，他向我默默鞠了一躬。要知道，这对我来说是一种毫无意义的礼仪，因为我根本看不到。大概是因为我在同一时间做出的略显猛烈的鞠躬动作，他那光滑的头发触碰到我的额头。我顿时感受到一种强烈的情感，那一瞬间，我并不太清楚是为什么。在所有我遇到的人当中，他是第一个把我的缺陷只当作我个人私事的人，而没有为了将就我或照顾我而改变自己的行为。

这便是他。这便是他朴素自然、对带有明确目的性的世俗事物的疏离态度。在这里，他那严格冷静的距离感凭借人性的深度，超越了平常的善意（在与他人初次见面时，我总是能够通过对方的言辞、语调和握手时所传递出的没来由的关爱，感受到这一点）。

尽管他的头脑总是被抽象的搏斗所掌控，但是，正是因为他把每一次不期而遇的会面和每一句日常话语，都与个人的世界观紧紧联系在一起，才让他的举止和外表如此充满了生气。

他在朗读时——他对此抱有极大的热情——念出的每一个词都字正腔圆，时而语速飞快，语句间的起承转合有着音乐般的韵律，气息悠长，在情感的层层递进中逐渐走向高潮。就像他的散文一样，其中一些短篇——例如《马戏团女骑手》（*Die Zirkusreiterin*）[50]——甚至是在一个独立长句的基础上，经过巧妙的整合发展而来的。

有一段时间在我记忆中留下了特别的印象。那段时间，卡夫卡在创作一个剧本，这个剧本后来没有一个人读过。我记得它的名字大概叫作《洞穴》（*Grotte*）或《墓穴》（*Gruft*）。[51] 根据卡夫卡在创作完成后的狂喜中所透露出的信息，这部剧描写的是发生在备好的墓穴入口前的一群牧羊人和牧羊女的故事。这是一场抵抗和迎接死亡的战斗，它在欢快的、交织着力量与甜蜜的情感游戏中展开。人们为死亡感到羞耻，将其视作某种不光彩、不体面的事物，因为死亡在人们眼里是一种惩罚，尽管没有人能够确定它是为了何种罪名而被施加，因为除了死亡外毕竟还有其他的惩罚。年轻人如果不幸早逝，会感到特别羞耻。而老年人之所以受到尊敬，是因为他们活了那么久，却还没有被死亡光顾。没有人会指望永生不死，但可以肯定的是，如果一个人整天只想着如何逃避死亡，如何洁身自好，这本身便是最严重、最危险的罪孽。

他没有透露剧情的细节。他只是说过，在创作这个剧本的那段时间，他每次写作之后，总是兴高采烈地沿着从金匠胡同到查理广场的一长串台阶飘然而下。然后，他会经过一家书店，橱窗里陈列着一套新版的莎士比亚作品。《哈姆雷特》的开篇一页被翻开来摆在那里，于是，他每天都会读一遍霍拉旭及其同伴们的对白，一直读到被下面的书挡住的那一行。他苦苦思索着接下来的内容，为此不惜绞尽脑汁。他在记忆中一遍遍搜索，找寻着这段充满戏剧张力的精彩对白段落——但是，到家里书架上去找答案？不，这会让所有探寻的兴致都变得索然无味。

当剧本完成时，他拒绝为我们朗诵。我们从他之前的一些作品了解到，一旦他认为创作失败，事情就会变得很麻烦。但是，面对我们各种真诚、狡黠和犀利的攻击，他都一一驳回。"这个剧本唯一还算不上业余的地方是，我不会朗读它"，他这样说道。

这大概是他从离开柏林到拥抱死神的一路上，慢慢地逐个扔进火堆的众多手稿中的一部。[52]

在创作这个剧本的那段时间，他有三个住处。他，这个平时如此贪恋新鲜空气的人，为了写作而选择了一个低矮狭窄的小屋，里面只有一个房间。据传说，这是鲁道夫皇帝的炼金术士曾经的住所。炉子冒着浓烟，但这里却有着难得的宁静和与世隔绝般的孤独。

为了睡觉，他在一座古老的贵族宫殿中租下了一个高大敞亮、如厅堂一般的房间，虽然在冬天里，世界上没有一个炉子能够让它变得温暖。至于那些不可避免的日常琐事，例如吃饭或是接待朋友，他都是在父母家公寓中自己的房间里解决。

这是有利于创作的一种安排，但他却为此付出了健康的代价。

1918年初，我和他一起待了八天，在扎泰茨附近一个积雪覆盖的村庄——祖劳，他的一位勇敢的妹妹在那里经营着一个小农场。在漫漫长夜里，我俩促膝长谈，一直到天明。这几个夜晚，我从他那里了解到的事情，比之前十年和后来五年所听到的总和还要多。也许我不妨尝试一下，就他当时极度痛苦和厌世的精神状态，拼凑出一幅大致完整的图像。

在那些夜晚，他向我描述了许多想法和计划，而且并没指望或打算将它们真正付诸实施。在这里，我想用一个富有想象力的小故事来说明。一个人想要创造机会，给人们提供一个社交场合，所有到这里的人都是不请自来。人们在此相见，彼此交谈，相互观察，而不知道对方是谁。这是一场筵席，每个人都可以按照自己的口味和个人需求选择食物，而不必担心给他人造成困扰。他可以想来就来，想走就走，而无须看跑堂的眼色，并且总是受到欢迎，不带一丝虚伪。当这个古怪的想法最终变成现实时，读者会发现，这个解救孤独者的尝试，不过是成就了第一家咖啡馆的发明者。

关于弗朗茨·卡夫卡及其文学作品在当今文学世界中的特殊地位，可以找到各种合理的解释。然而只有亲身体会过他在无意间说过的每一句话、每一个措辞、每一种语调与其小说中的情节和人物特征之间那种深刻的内在一致性的人，才能对这颗富有创造性的灵魂的奥秘略有领悟。

75

友人卡夫卡

费利克斯·韦尔奇[53] 的回忆

我在上中学时就遇到了卡夫卡。他比我高一届，我们是在犹太宗教课上认识的，当时我们两个班级总是一起上这门课。但是关于那段时间，我唯一记得的是他的相貌。我对他的更多了解是在大学，通过马克斯·布罗德。最初，我从布罗德那里听说的有关卡夫卡及其文学创作的事情，要比从卡夫卡本人那里听到的多得多。我们当时和奥斯卡·鲍姆一起组成了一个小组，这个小组连续多年至少每两周举办一次沙龙聚会，奥斯卡·鲍姆和马克斯·布罗德——偶尔也有卡夫卡——会在沙龙上当众朗读他们新近创作的作品。卡夫卡是一位出色的朗读者，也是一位同样出色的听众。

卡夫卡作为朋友的特点，是其善良和严谨的天性。将这两种品质融于一身并不是一件容易事，而卡夫卡却以令人惊讶的方式做到了。这个对自己极端严厉和苛刻的人，在对待朋友的态度上虽然十分认真，但却温和而宽容。比如说，他总喜欢用"乱涂乱抹"来描述他那些伟大作品的创作，然而对我在哲学上的一些微小尝试却很看重。他在信中总是对"你的伦理学"大谈特谈，可当时虽然也有人向我表达了相关的意向，然而这些文章还尚未被印刷成册。在第一次世界大战期间，我做过一系列关于哲学和文学问题的讲座。这段时间，卡夫卡正好离开了布拉格。所以，他在给我的信中写下了许多有关讲座的溢美之词，并表示想要亲自来布拉格参加我的讲座。他甚至还请求我，有机会时为他举办私人讲座。不过在后来的一封信中，他又表示这个愿望会给我添太多麻烦，所以考虑把它收回。不过，找我上课的想法一直在他脑海中萦绕，他甚至还梦见过这件事。后来，他用其特有的方式向我描述过这段梦境。他对我在1919至1938年期间主办的犹太复国主义刊物《自卫》（*Selbstwehr*）同样大加称赞。他这样写道：

"你的工作能力，特别是你的勇气和投入，在我看来简直不可思议。你是以何等的超然、冷静和对自我的忠诚，在领导着整个事业。而你个人的苦痛，却让人察觉不到一丝一毫。领导这样一份杂志，意味着一个人在活着的时候便已成神。而我对政治艺术几乎没有能力评判。"[54]

费利克斯·韦尔奇

这段时间，我正在写我的书《宽恕与自由》（*Gnade und Freiheit*）。卡夫卡非常用心地阅读校对稿，我迄今仍然保留着他在上面标注的修改建议。这些修订大多是有关文字的问题，因为哲学系统化的思考并不是他的强项。他在信中就这些修改建议写道：

"这都是些吹毛求疵的意见，关于那些大的问题，我不敢妄自指手画脚，无论是对你，还是对事。作为一本修身养性的读物，它让我受益匪浅，未来也将如此。"[55]

当我今天阅读这一时期他写给我的信件时，总是不自觉地陷入沉思。这些让人惭愧的溢美之词究竟从何而来？在卡夫卡身上，任何虚伪奉承和虚情假意的鼓励都是不可想象的。他写下的文字，都是他相信的东西。原因很简单，他对朋友的每一个微小的成就都真心地感到钦佩，因为他是用朋友的眼光看待这些成就，并把它们与对自身成就的想象相比较，然而对后者，他却总是以敌人的目光来看待。

自友人去世至今，已过去了三十多年，可他的形象却仍然活生生地浮现在我面前：修长，高大，柔弱；举止高贵，动作从容；深邃的目光坚定而温暖，微笑迷人，面部表情引人入胜。他对每个人都友好体贴，对朋友忠诚可靠；只是在日常约定的小事中，他会偶尔爽约，然后，他会用极具说服力的理由一再道歉，让人不由得不相信他。是的，人们毫不怀疑地相信他，相信是他的身体和精神上的痛苦，以及深藏在内心深处的不幸所带来的各种小障碍，使得他不得不重新安排自己的日程，以至无法严格遵守事先的约定。几乎每个人都能从他身上感到温暖的爱意。他在同事中备受欢迎，在与其相识的布拉格德语和捷克语作家圈子里也有口皆碑。

我想用密伦娜·耶森斯卡（Milena Jesenská）写给马克斯·布罗德的几句话，来结束这篇短短的回忆文字，在我看来，没有比这些话用在这里更恰当的了。当她写下这些话时，她与卡夫卡早就断了联系：[56]

"我相信，我们每个人，整个世界和所有人，都是病态的，而他是唯一健康、唯一能够正确理解和正确感知、唯一纯洁的人。我知道，他不是在抵抗生活，而是抵抗这样的生活——于是，他奋起自卫……像这样一个人真的有可能感觉到，什么是不正确的事吗？他对世界的了解比全世界所有人都多出一万倍……在世界上，再没有第二个人拥有他这样的巨大力量，对完美、纯洁和真理的绝不动摇的追求；就这样，直到流尽最后一滴血。我知道，就是这样。"

与卡夫卡的电梯对话

安娜·利希滕斯特恩 [57] 的回忆

"禁止十四岁以下儿童持有电梯钥匙。"这条在措辞上与类似禁令毫无区别的房屋规定，醒目地贴在尼克拉斯大街 36 号楼的电梯上。它甚至是用德语写的，因为那个时代——那是在 1908 年——距离现在还很遥远。与今天不同的是，当时人们对这栋房子里那些都是德意志人的租户还非常照顾。

那时候，我是基奥（Kios）教授的学生，弗朗茨·韦尔弗在他的《毕业生之日》（*Abituriententag*）中对他有过精准的描写，虽然只有熟悉他的人才能懂得这一点。所有生活在今天的受过人文学教育的德意志布拉格人，几乎都曾师从基奥教授。他确实很擅长把自己的世界观灌输给他们，其中最精辟的观点是：人生下来只是为了一件事，这便是遵守规定和禁令。值得顺带一提的是，这位教授的学生当时根本没有时间对这个观点进行认真思考，因为他们就像当时的所有人一样，整天都在为了谋生疲于奔命。

于是乎，忠实遵守房屋电梯禁令的我，每天中午一点钟左右，都会吭哧吭哧地爬公寓楼的楼梯。我爬楼的样子有些笨拙和羞怯。笨拙，是因为我当时只有十二岁；羞怯，大概是因为基奥教授及其同事的教育方法在我身上埋下了自卑的种子。当然，这不过是题外话。

"小姐，我能带您一起搭电梯吗？"有一天，弗朗茨·卡夫卡问我，他的父母住在我家楼上一层。那时他大约二十岁，

80

俯瞰伏尔塔瓦河对面的"船屋"（图中间位置），卡夫卡一家 1907 至 1913 年居住在这里。

是一名大学生，一位电梯钥匙的持有者，所以是一个有面子的人。

"多谢"，我在进电梯时说；在出电梯时，说了句"吻您的手"。同时，我还按照老奥地利的习俗——在那里，礼貌和尊卑有序被看作是一回事——行了个屈膝礼。

此后，这种搭乘电梯的情况便成了常事。有一次，弗朗茨·卡夫卡跟我说："您不必对我说'吻您的手'。"可我并不理解，因为对尊敬之人，除了这句话之外，似乎再无其他问候方式。

有一次他问我："您在读什么书？"他大概觉得，在这短短的三十秒时间里总该说点什么。我回答说："海姆堡，埃施特鲁特和卡尔·迈。"

"那肯定很不错"，他说道，并用深邃的目光望着我，那双眼睛总是显得很忧郁，眼神也不像个年轻人。

十三岁那年，我拿到了一把属于自己的电梯钥匙。女门房在发给我钥匙时，更看重的是一笔像样的小费，而不是查看我的出生证明。

我几乎再没见过卡夫卡。同一个屋檐，俯瞰伏尔塔瓦河和贝唯酒店的同一片视野，并不会让人与人之间的缘分变得更亲密。

1918 年，在战争结束前不久，当捷克人怀着对军国主义的憎恨，敏锐地意识到他们的自由即将到来时，我又最后一次遇到了卡夫卡。

他站在布拉格的一家德语出租书铺里，想要挑选几本书。他似乎一时没有找到合适的书，于是便转向我：

"您能拿几本像样的书，我是说值得一读的书，让我带回去看吗？"

"马克西米利安·哈登（Maximilian Harden）的《头颅》（*Köpfe*），我认为很值得一读。"

"唉，现在人写的东西真是令人作呕。您也这么觉得吗？您知道整个战争文学是多么虚假和错误吗？"

"是的，确实很恶心。"

"因为写这些书的人完全违背了自己内心的信念。有一条不成文但却写在空气中的严格信条是：不能散布虚假的热情！"

"这些书可以不看。在我看来，如今只有阅读老书才更正确。"

"总有一天，人们会写出真正的战争文学"，他沉思着说，"您只要耐心地再等上十年。等事态平息，当人们和今天的经历有了一定距离时，整个文学界都会受益于这场战争。"

我们一起走下老城蜿蜒的石阶。

"您家里食物够吃吗？"我问道。当时人们总喜欢这样问。

"还好。不过，反正也快了。"

他是指战争？抑或是他的生命和文学创作？

布拉格的青春岁月

威利·哈斯 [58] 的回忆

马克斯·布罗德跟我唠叨过无数次他那位神秘的天才朋友后，有一天，他在我家里告诉我，要给我读几篇卡夫卡作品的片段，这些作品不久后将发表在一本豪华高端的新杂志《许珀里翁》（*Hyperion*）上。[59] 除了我之外，只有弗朗茨·韦尔弗一个听众。

朗读会是在我家公寓一间气氛有些诡异的陈列室或者说"餐厅"里举行的。笨重的雕花橡木家具呈现出怪诞的哥特 – 埃及混搭风，上面雕刻着狮身人面兽和尖拱图案，地上铺着波斯地毯，旁边摆放着洛可可风格的梅森瓷雕。这些物件共同构成了朗读会的舞台布景。

布罗德朗读了一篇卡夫卡的手稿，接着是第二篇，之后是第三篇。韦尔弗和我面面相觑。然后，韦尔弗有点恼怒地说道：

"这玩意儿根本出不了博登巴赫！"博登巴赫是波希米亚和德意志帝国之间的边境小镇。

布罗德面露苦涩，一言不发，气哼哼地收拾好手稿。我们再也没有谈论过这件事。

这是我一生中见过的最奇怪的场景之一，从中可以看出很多层面的内容。

首先，韦尔弗说的话完全正确。人们根本无法把这些零乱的片段与后来的卡夫卡联系在一起。

其次，布罗德对卡夫卡的信心同样正确，而且更加正确。他的信心是有道理的。他是卡夫卡的好友，他对他的了解都是来自彼此间的谈话和讨论，而且，他或许已经看过卡夫卡后来的作品《审判》和《中国长城建造时》（*Beim Bau der Chinesischen Mauer*）的初稿和构思。

再次，弗朗茨·卡夫卡，唯有他一人，将我们青年时代所处的世界编写成密码，并浓缩成几幅宏伟壮观却又带有碎片化色彩的巨幅画作，尤其是在《审判》和《城堡》中。在这些书在卡夫卡去世后违背他的意愿被付梓成书后，我每次阅读它们，都仿佛置身于一个自己青年时代再熟悉不过的场景中，在那里，你能立刻辨认出每一个隐藏的角落，每一条尘土飞扬的巷弄，每一个拐角和每一个微妙的轮廓。

威利·哈斯（中间）

卡夫卡说出了我们想说而未说，也没有能力说出的话。在我看来，这正是他的天才之处。我可以像做梦一样阅读他的书。我不明白，里面有什么内容还需要解释。在这些事件的背后，始终只有事件本身，没有其他。因此，我也无法理解那些有关卡夫卡作品的无数论文和评论。每一个加进去的词都是多余的，只会让那个既在表面又深藏其中的内容变得含糊不清。

在个人交往中，卡夫卡给我的印象总像是一个表情深沉、面带羞涩微笑的少年，总是开口不俗，金句迭出，而且多少有些卖弄。在布罗德眼里，他肯定是另一副样子，可对我来说，他就是这样。

他不喜欢巴尔扎克，更不喜欢莎士比亚，因为他根本不喜欢戏剧。如果知道有人想把《审判》或《城堡》搬上舞台，甚至是歌剧舞台，肯定会让他目瞪口呆。

有一次，他对巴尔扎克做了一次戏仿：

"我给您说个巴尔扎克式的句子：'下午五点，公爵夫人步出宫殿，用巴黎所有公爵夫人在午后五点戴上手套时一样的曼妙姿态，戴上了手套。'您看到没，这种泛化手法很有效果，但是错误的。不能这样进行叙述。"

有一段时间，我们和韦尔弗等人在一家咖啡馆的地下室里练习通灵术和用意念移动桌子。在我们之前，古斯塔夫·梅林克（Gustav Meyrink）就在这里进行过他的通灵实验。有一次卡夫卡和布罗德也在场。卡夫卡完全没有被打动。"太阳早上升起是一个神迹，"他说，"可是，如果一个桌子被您折磨了这么久，然后发生了移动，这并不是神迹。"

他拥有令人匪夷所思的记忆力，顺带说一句，弗朗茨·韦尔弗的记忆力也一样优秀，他可以背诵整部抒情诗集。一天晚上，卡夫卡和密伦娜以及斯塔莎[60]一起穿着晚礼服来找我。当时，我正忙着为一次长途旅行收拾行李。他们是来和我告别的。

卡夫卡拿起一本书。那是帕斯卡尔的《思想录》。

"这是什么？"他问道。

"读读吧，它会让您受益无穷。"

卡夫卡默默把书放回衣箱，然后我们开始聊别的事。

密伦娜·耶森斯卡（左）和她的好友斯塔莎·吉洛夫斯卡（Staša Jílovská）

好几年，我没再见过他。当我再次在街上遇到他时，我们先是有一搭没一搭地聊了聊天气，接着又就布拉格日益乏味的生活交换了几句看法，然后我问道：

"您眼下在读什么书？"

"实话说，还是您上次推荐给我的那一本，"他以中国官僚式的口吻礼貌地回答道。

我对他的最后记忆是在布拉格和一群朋友一起去看电影。预告片中播放了柏林的街景。当灯光重新亮起的一刹那，我看到他眼中似乎闪烁着泪光。

"卡夫卡怎么了？"我小声问道。

"大概是和他的柏林未婚妻又出现了问题。"有人回答说。[61]

此刻，弗朗茨·卡夫卡仿佛就站在我的面前：他背过脸，好不让大家看到他偷偷用手背擦去眼泪的样子……

卡夫卡与无政府主义者

摘自米哈尔·马雷什 ⁶² 的回忆录

在一战前的第三年和第四年，我每天都会在当时的尼克拉斯大街上遇见弗朗茨·卡夫卡博士。那条街是他早上去办公室的必经之路，他从这里穿过老城广场，经过策尔特纳街和波尔切大街，到达劳工事故保险局。早在我们彼此相识之前，我们就已经知道对方，但并不真正认识。在每次邂逅时，我们总是微笑着擦肩而过，相互"用眼神示好"。首先，我们几乎总是在同一地点相遇，即当时的荷兰咖啡馆门前；其次，我们俩都戴着帽子，因而唤起了彼此的注意。弗朗茨·卡夫卡戴着一顶宽大、顶部凹陷的黑色毡帽，所谓"锅盖帽"；而我戴的是著名的"决不让步"也被称作"拉瓦乔尔"（à la Ravachol）的帽子（也许有人不知道拉瓦乔尔是谁，所以在这里解释一句：他是一个恐怖分子，曾经大喊着"听听人民的声音！"把炸弹扔进法国议会）。有几次我遇见卡夫卡时，看见他把帽子夹在臂弯里，而平时，他的臂弯里总是夹着两三本诗集。但是，即使他的臂弯里没有帽子和书，他也会像贝多芬一样，把双臂背在身后，用他那深沉锐利的目光观察街道和公园里的生活。当时，帽子和蝴蝶领结几乎成了反战青年、艺术家、文学家、哲学家、波希米亚人，以及那些沉迷幻想或热衷于政治并借此获得灵感的人的标志性象征。因此，我和弗朗茨·卡夫卡——这个穿着优雅、有着一双长腿、身材修长的家伙——笑着彼此打量，用眼神传递着没有说出口的问题：亲爱的，你是哪一类人？他的脸上永远挂着微笑！卡夫卡的微笑是一种格外美丽的微笑，是性情温柔之人所特有的微笑，虽然他深邃的目光清楚地告诉人们：我是一个严肃的人，但是一点点调皮毕竟是生活中美好的一面。于是，在1910年冬末的一天，我抬了抬帽子，把这个男人在路上拦住，然后递给他一张无政府主义传单，上面是青年俱乐部和维兰·科尔贝政治协会邀请朋友们出席题为"自由之爱"讲座的通知。我们每日无言的问候就此结束。但是，我们并没有向对方介绍自己。这场讲座是在耶克纳大街上的"巴黎"餐厅举行的，演讲者是一位年轻美丽的无政府主义者，路易莎·施蒂赫娃（Louisa Štychová）同志，她是工程师的妻子，不久前还被称作拉特博日的弗尔利茨科娃（Vorlíčková）小姐。卡夫卡，我那位熟悉的陌生人，这天也来了。后来，他还参加了同一位演讲者以"反对战争——母亲们的罢工"为题的另一场报告。当名噪一时的无政府主义

妇女解放运动集会

运动演说家（后来被指控为警方线人的）卡雷尔·沃里采克（Karel Vohryzek）在庆祝巴黎公社成立四十周年大会上发言时，卡夫卡同样也在场。从此，我经常会在这些场合见到卡夫卡。他通常都是独自一人，没有人认识他，他只是一个安静、专注、热爱思考的听众。他的面前，总是摆着一杯几乎没有动过的啤酒。

身为一名热血青年，我为这场运动做过各种事情：我当过宣传员、传单散发者和张贴者、旗手、组织者、演讲者，甚至在出口处担任过收银员，手里端着一个收取募捐的盘子，通常是为了援助政治犯、北波希米亚罢工的矿工，或是用来支付各种开支。每个人都尽其所能，掏出自己的腰包，通常是一个五赫勒或六赫勒硬币①，或者是一个金币（克朗），这已经是难得一见的稀罕事！可我邀请的这位客人却总是谦虚低调地把

瓦茨拉夫广场的"五一"示威游行

---

① 1克朗＝100赫勒。

一个五克朗硬币放在一堆零散的硬币中，它的一面是弗朗茨·约瑟夫皇帝头像，另一面是奥地利雄鹰！（一枚沉甸甸的银币，我必须得告诉大家：那时候可以用它买下六十根香肠或腊肠……）有一天，当我从外套底下掏出一本克鲁泡特金的《一个反抗者的话》时——这本书售价一克朗——我们相互握了手，并且告诉了对方自己的姓名。

卡夫卡还参加了皇家葡萄园"大布拉格厅"召开的那场因为骚动被警方驱散的集会。在会上，工程师弗拉基米尔·博雷克（Vlastimil Borek）同志为抗议无政府主义者利亚博夫（Liabeuf）在巴黎被送上断头台发表演说。对弗朗茨·卡夫卡这样一个比常人高出一头的人来说，要想逃脱是很困难的。他也没有做这样的尝试，而是在警察和集会者你推我搡的人流中冷静地站着不动。因为他没有听从命令"自行散去"，所以被带到了警察局。不过在那里，警察的态度还算温和，当事人只需缴纳一克朗罚款或者按照所谓"殴斗法案"拘押二十四小时，即可了事。卡夫卡身为一名每天按时上班的小职员，当然不肯留下过夜，而是支付了一克朗罚款，而且还想替我交上一份。我以基金会的名义收下了这笔钱，然后继续留在警察局，与一位已经忘记姓名的年轻面包师和诗人卡米尔·伯蒂奇（KamilBerdych）一起。另外几个人因为涉嫌暴力或侮辱看守，被一辆绿色警车带到了总部。不久之后，弗朗茨·卡夫卡去柏林待了几天，[63] 还从那里给我寄了几张明信片。这些明信片如今只剩下一张，其他都在警察抄家时被没收。它们都是些平常的卡片，因此我一直保存了很长时间。

从此，我们成了好朋友。我还带着他去了老城坦普勒巷卡雷尔·弗拉斯纳先生（Karel Flasner，1919 年去世）经营的"巴尔干"夜总会。很久以来，人们一直把它叫作"索丘雷克之家"。它是圣雅各教堂对面的一个花园小酒馆，那里经常

米哈尔·马雷什（警察局档案照片）

有一支军乐队在树下演奏。可惜，早在三十年前，这一切便已
消失不见。这家酒馆的露台或大厅（地点取决于天气），是波
希米亚艺术家和他们的赞助者经常聚会的地方。这些赞助者大
多是已经成名的作家、画家、音乐家和雕塑家，还有一些豪爽
慷慨的商人和老板。在这里，人们无须支付入场费。不过在演
讲结束后，大家会把年轻诗人的手稿或美院学生的漫画现场拍
卖，然后把收获的可观收益全部换成酒，众人一起喝个一醉方
休（卡夫卡只是象征性抿一抿，他的酒量和麻雀差不多）。实
际上，"巴尔干"夜总会可以说是许多如今为人熟知甚至名声
显赫的诗人和作家崭露头角的舞台。在这里，卡夫卡对两位
朋友抱有特别的好感，他们是雅罗斯拉夫·哈谢克和 Z.M. 库
杰（Z. M. Kuděj）。不过，当红的卡巴莱明星丽达·皮尔科
娃（Lída Pírková），还有年轻野性的阿图尔·隆根（Artur
Longen）同样也吸引着他。卡夫卡还在这儿遇到了卡雷尔·
托曼、弗兰纳·斯拉梅克、V.H. 布鲁纳（V. H. Brunner）、
弗朗齐歇克·盖尔纳（Fr. Gellner）以及许多今天或多或少
已被遗忘的人。他还参加了雅罗斯拉夫·哈谢克以"选举、政
治局势、达尔文主义、卖淫和保加利亚国王费迪南德·科伯

90

克（Ferdinand Koburk）"为主题的著名辩论，这场辩论是由"温和的进步派政党在法律框架内"在奥尔沙尼召集的。

对我来说，能够请到弗朗茨·卡夫卡加入我的社交圈是莫大的荣幸，因为他一向和外界保持着距离，对每个人都是彬彬有礼、讲究分寸。我俩每次见到对方，在很远之外，就会像西班牙绅士那样立刻摘下黑色礼帽，相互行礼。第一次世界大战后，我和卡夫卡不再经常见面。偶尔遇到他，大都是在湖边或公园里，他和孩子们在那里玩耍，或看他们做游戏。我曾不止一次在暗中观察他和孩子们玩耍的样子，看得出，他和他们在一起很开心。（有一次是在里格斯公园，大概是 1913 年，他正愉快地给一群女孩和男孩演示抖空竹。）

我最后一次见到他，是 1924 年一个明媚的春日，在老城环路上。卡夫卡把一个大的彩球扔给了一个女孩。然后，他向我介绍说，她是他的外甥女，旁边的女士是他的妹妹。我很早就见过他的母亲，那是在她和女仆一起采购的时候。

在我们最后一次见面的这天，我注意到他喘着粗气，呼吸急促，比平时显得更加消瘦。他握住我的手，带着和平常一样美丽但略有些疲倦的微笑说："您不想和我们一起吃午饭吗？"我如今十分后悔，当时没有跟他们一起去。这最后一次见面以及他和外甥女的游戏，是发生在一家殡仪馆门前的人行道上。我当时根本无法想象，死亡——所有人最后的归宿——竟然会这么快便把一个如此美好、有着令人难以忘怀的微笑和一颗温柔心灵的人，带去了另一个世界。

弗朗茨·卡夫卡这位伟大的文学家，几乎从不提及他的工作。我有一种感觉，这位注重分寸的艺术家很不愿意谈论自己。然而，他对一切美好和非凡事物以及人类一切事情的兴趣，却是无穷无尽、超乎寻常的。他对布拉格和捷克人民的热爱，当然更无须赘言。

也许我还应该解释一下，为什么这位性情安静的作家竟会屈尊与我们这群野蛮人为伍。如果你知道他对霍尔德林和雷瑙有多么痴迷，以及他对那些信仰无政府主义的高贵灵魂——例如雷克吕斯（Reclus）、亚历山大·赫尔岑和玛尔维达·冯·迈森堡（Malvida von Meysenburg）等——是多么崇拜，那么这个问题就无须再做复杂的分析。这些人当中的最后一位，生活在异乡的人权女斗士，世纪之初以高龄在罗马去世的"1848 革命者"曾经这样写道："我们四目而视，那是一种心有灵犀的目光，是一个灵魂向另一个灵魂的致意，是一种知己间的默契，仿佛我们彼此相识已久。"对于我与弗朗茨·卡夫卡的关系而言，这句话再准确不过。

同事卡夫卡

阿洛依斯·居特林 [64] 的回忆

我们经常会发现，艺术家、作家或诗人，特别是当其艺术生命只是昙花一现时，很少能够在生前得到世人的广泛赞誉。弗朗茨·卡夫卡在世时，得到的更多是对其作品的争议而非认可，尤其是在德国，也包括在他的家乡布拉格。

众所周知，弗朗茨·卡夫卡在决定成为全职作家之前，曾经是布拉格波希米亚王国劳工事故保险局——当时这家机构就是叫这个名字——的一名职员。身为同一机构的前雇员，我每天与弗朗茨·卡夫卡共事，所以，我想我或许有资格在这里讲一讲这个人，他的个性、生活方式以及我俩之间的友好交往。

当我 1910 年 1 月 1 日以助理身份入职该机构时，保险业务部门的主管、高级监察员欧根·普弗尔（Eugen Pfohl）先生按照惯例把我逐一介绍给每位同事，这其中也包括弗朗茨·卡夫卡博士。当时他和我一样，也是一名临时助理。劳工事故保险局的董事长、法学博士和前律师普日布拉姆，将几个月前刚刚获得法学博士头衔的卡夫卡招进了这家机构。卡夫卡身材瘦高，长着一头乌黑的头发和深色的眼睛，步履敏捷。他的父亲在布拉格老城环路的"石钟屋"——布拉格最古老的建筑之一——靠近泰恩教堂的位置，经营着一家皮具店。[65] 这栋房子通过泰恩大街与曾经的马蒂亚斯·雷塞克（Matthias Reysek）建筑学校所在的哥特式建筑分隔在道路两侧，并通过一道拱门与泰恩教堂相连。他的父亲似乎对儿子的文学创作活动并不理

93

劳工事故保险局大楼（左），身为职员的卡夫卡（1915/16 年，护照照片）

解，或许是担心儿子作为一名全职公务员，晚上写作到深夜很可能会对他的健康造成损害。

　　在劳工事故保险局共事的初期，我对弗朗茨·卡夫卡业余从事文学创作一事毫不知情。我俩的办公室紧挨着，而且我们在入职后头几年所负责的工作都是同一个，即为各种需要保险的企业划分事故风险等级，并处理与等级划分相关的纠纷。在后一项业务上，卡夫卡表现出色，其处理方式从法律角度讲堪称楷模。在此期间，我经常被分配到的一项工作是，为卡夫卡提供与企业事故赔偿相关的技术或计算数据。在 1910 年 4 月 20 日召开的董事会上，我们两人被录用为正式职员。弗朗茨·卡夫卡与另外两位法律专家汉萨尔博士（Dr. Hanzal）和约瑟夫·克雷茨希（Josef Krätzig）一起被任命为副文书，[66] 而我则与一位捷克数学家一起被任命为监察助理。

　　我有一个公务员常有的陋习：总是在上班时间过后几分钟才到办公室。卡夫卡在这方面也有同样的习惯。因此，人们经

94 常会看到他飞快地冲进办公室。另外值得一提的，是每天的工间操时间。当我们其他人都在享受各种美味的布拉格香肠时，卡夫卡却拿出带来的黄油面包，再配上牛奶或酸奶；因为卡夫卡是素食主义者，不沾一点儿荤腥。在布拉格生活的最后几年，他的病症变得越来越明显，于是，大家经常会劝他多吃些肉，可他却不听。我后来听说，直到他在柏林期间，才听从旁人规劝，偶尔吃些荤菜，但或许已为时太晚。

莱辛贝格棉布厂车间，这是卡夫卡负责监管的企业之一。

一战爆发后，卡夫卡被认定为不适合服兵役，[67] 而我虽然被判定可用，但被归为 C 类，因此也被暂时免除了兵役。

因此，我俩在整个战争期间也一直在一起共事。1910 年，我们所在机构进行了重组，将级别分类、费用核算与工资审核部门合并成一个大的业务部门，由前面提到的普弗尔高级监察95 员担任主管。卡夫卡博士是部门主管的得力助手。在与部门职员的交往中，他始终保持着适当的分寸，避免过于亲密和私人的交往，对政治问题更是闭口不谈。保险局职员中大部分都是捷克人，只有极少数是德意志人，我从未听说他们当中有哪个人对弗朗茨·卡夫卡抱有敌意。

我与卡夫卡的交往也是同样的性质。直到 1915 年，我都不知道弗朗茨·卡夫卡除了在办公室工作外，还是一位作家。但是有一天，情况发生了变化。我偶然得到了一本名为《司炉》的小说，作者是弗朗茨·卡夫卡。第二天，我急忙拿着这本书去找他，想把这本同名作者的作品拿给他看。当他告诉我这是他写的时，我感到十分惊讶。我私下告诉他，我也在偷偷写诗，不过只是为了内心的自我满足。卡夫卡让我把我写的东西拿给他看。平时，我都是把即兴创作的诗歌写在练习本上。于是第二天，我拿了两本给他，请他指正。卡夫卡把它们带回了家。我以为他读完后会劝告我，说我的业余爱好纯粹是浪费时间。可是到了第二天，卡夫卡却建议我把这些诗拿去出书，并亲自给我介绍了一位出版商。于是就这样，我的第一本诗集《爱情花环》（*Liebeskranz*）在格拉菲亚出版社出版了。

从此，我们两人建立了朋友关系。他给我讲述自己的创作，我从他那里了解到他的计划，我总是觉得，他实在太拼了。他的内心总是有一种紧迫感，他为创作的付出，远远超出了其精力所能承受的极限。他与布罗德、韦尔弗、基希等布拉格作家圈成员有着密切的联系。布拉格这些用德语写作的作家中，一些人给予他高度的评价，可另一些人却对他不以为然，认为他的作品过于怪诞离奇。面对这些指责，弗朗茨·卡夫卡始终坚守自我，不为所动。

在我的文学创作中，他是一位可贵的评论家，他的评价总是真诚而坦率。在他的劝说下，我将两本诗集《在别洛赫拉德温泉》（*Im Bad Bielohrad*）和《夜色》（*Nächte*）交给了出版商，并最终由莱比锡齐尼亚出版社出版。

只可惜，我们之间的友好交往仅仅持续了四年。由于战

96　争，再加上我后来又加入战争受害赔偿部门，经常需要出席晚间的会议，因此在那段时间里，我们每天用于交流和分享的时间往往只有几分钟。当时，卡夫卡的文学创作活动异常活跃。他的思想和计划之庞大，几乎无法估量。一种不安的情绪牢牢攫住了他，他拼命地工作，仿佛预感到自己已时日无多，可还有很多话要对这个世界讲。在此期间，他已经升职为文书，办公室工作对他来说，俨然已成了一项负担。尽管他有望晋升为高级文书，可这对他却毫无吸引力。随后，奥匈帝国宣告崩溃，捷克语成为正式的官方语言。虽然卡夫卡精通捷克语，因而不必担心被解雇的危险，但他却毅然决定辞去保险机构的工作，全身心投入文学写作。[68]

过了一段时间，他搬到了柏林。在那里，他的两本重磅著作《审判》和《城堡》问世。[69]布拉格人怀着极大的兴趣关注着他的文学创作和发展，却没有料到他的健康状况很糟糕。1924年，当他的死讯传来时，所有人都感到无比意外和震惊。他的遗体被运回布拉格，在一个明媚的夏日，在许多昔日同事在场的情况下，被安葬在斯特拉什尼采的新犹太人墓地。当时，自然还没有人能够预想到，在短短几十年后，弗朗茨·卡夫卡在世界文学中的地位将会令人仰止。

与卡夫卡共事的时光

V.K. 克罗夫塔[70] 的回忆

　　我和我的同事弗朗茨·卡夫卡博士初次见面和相识，是在1914年第一次世界大战爆发后不久。那是在我的上司、"皇家法律顾问"欧根·莱德雷尔（Eugen Lederer）在波希米亚王国劳工事故保险局办公室的接待室（这位出身高贵的捷克犹太贵族和老布拉格巴霍尔啤酒厂老板，一直到晚年都是把"皇家法律顾问"这个头衔作为自己的签名）。当时，我是他新任助手。除了事故部门分配给我的日常工作之外，接待和招待访客也是我的差事。那段时间，在因公事或私事到访的人当中，好几个有趣的人物给我留下了深刻印象。他们当中，有一位身材瘦高、长着一头浓密黑发和对比鲜明的灰色眼睛的年轻人，时至今日，我对他那张棕色面孔仍然记忆犹新。

　　当时的"事故局"（Úrazovka，这是布拉格人日常口语中对这家国家保险机构的称谓[71]）董事长，也就是最高负责人，是德意志企业家代表奥托·普日布拉姆博士（他在签字时都是按照德语习惯，把自己的姓氏"Příbram"拼写成"Przibram"），他的儿子埃瓦尔德·费利克斯与卡夫卡都在老城德语文理中学就读。两人从同学关系发展成为密友，而这一点反过来也为卡夫卡在劳工事故保险局的工作提供了坚实的靠山。在那段时间里，这位长着络腮胡的老板几乎成了看不见的上帝，在我等凡夫俗子眼中总是高不可攀。有些员工甚至从未亲眼见过他。他的代理人是社会民主党议员维莱姆·切尔

奇（Vilém Černčy，说句题外话，他也是我父亲——曾多年
出任兹科夫街区议员候选人代表——的朋友），后者通过个人
对公司业务的干预，弥补了老板缺席所带来的遗憾。他甚至违
背我的意愿，对我的公务员生涯以及人生规划产生过影响。关
于卡夫卡业余从事写作的消息，最早是由一位年轻的德语诗
人、受雇于业务部的工程师居特林带给我的。当时，我在诗歌
和散文领域早已有过尝试，这在公司内部并不是秘密。我的宽
宏大量的上司也听说了这件事，他本人也曾以化名尤金·雷登
（Evžen Leden）在《国家政治》（*Narodni politika*）上发表
过诗歌作品。这份杂志和布拉尼克啤酒厂一样，也有他的一部
分股份。居特林工程师和卡夫卡博士也都得知了我业余写作的
消息。从此之后，有关艺术问题的讨论便从上司的接待室发展
到办公室，进而又搬到了大庭广众之下（稍带一提的是：著名
捷克诗人雅罗斯拉夫·克瓦皮尔［Jaroslav Kvapil］年轻时也
和我们在同一家保险机构工作）。

劳工事故保险局董事长奥托·普日布拉姆博士

那么在私下接触中，弗朗茨·卡夫卡又是怎样一个人呢？由于体形的原因，再加上表情总是若有所思，因此他给人的印象颇为拘谨和内向，在周围人眼中，他的样子就像是堂吉诃德。他说一口优雅的捷克书面语，讲话时有停顿，但极其专注。他脸上的表情看起来总是很严肃，双目炯炯有神。他偶尔会用激烈的手势配合讲话，似乎是想用这种方式让那些简洁的句子和词语变得更加有力。他病得很重，但是在他的身上，疾病却往往被其充沛的活力所掩盖。

因为我来自黎本，所以卡夫卡经常会和我聊起我们的共同好友沃伊捷赫·拉科斯（Vojtěch Rakous），他是黎本的一位鞋匠，写过几本有关捷克犹太人生活的小书。他经常用打趣的口吻问我："你的黎本老乡汉斯·萨克斯①先生咋样了？"其实，他只是想找个机会和我聊聊犹太人的问题。一直以来，犹太人问题一直在内心深处折磨和困扰着他。

随着战争的持续，弗朗茨·卡夫卡的处境也变得越来越绝望。布拉格犹太知识分子的孤岛式封闭生活，越来越像是一个陷阱。当布拉格爆发十月政变，捷克斯洛伐克共和国宣布成立后，事故局也遭到了"清洗"。布拉格蔓延的民族主义热潮也在这里得到了反映。在员工大会上，德裔领导层被罢免，并由捷克人取代。马萨里克②的崇拜者和弟子、贝德里赫·奥德斯特奇尔（Bedřich Odstrčil）博士被任命为第一位捷克裔总裁。

不久后，立场激进的保险局董事会开始就解雇那些因国籍而受到压力的德意志雇员的问题进行磋商。在此期间，病患弗

99

---

① 汉斯·萨克斯（Hans Sachs），德国十六世纪著名民间诗人，当过鞋匠。

② 托马斯·马萨里克（Tomáš Masaryk，1850~1937），捷克斯洛伐克首任总统，生于摩拉维亚霍多宁，毕业于维也纳大学，获博士学位。1882年任布拉格查理大学哲学教授，创办《雅典文艺》《时代》等刊物，抨击奥匈帝国的专制和民族压迫，在谋求捷克斯洛伐克独立过程中发挥了重要作用。

朗茨·卡夫卡的档案也被摆上了我的案头。那是一摞公文和几张卡夫卡亲笔写的假条，文字都换成了捷克语，笔迹漂亮又秀气。作为机构的业务主管，我提出建议，让卡夫卡继续留在保险局工作，因为他在任职期间从未做过任何对捷克人民不利的事情。在后来的某个场合，卡夫卡握着我的手表示感谢。我在离开时问他："同事先生，您最近在写什么作品？"他嘴唇紧绷，答道："我想，再也没有谁能够激起我的写作欲了。"

他的病假一延再延，直到 1924 年 6 月初。在奥地利一家疗养院，这位孤独的布拉格浪漫主义者走到了他的人生终点。

布拉格纳波什大街，背景是劳工事故保险局大楼

作者弗朗茨·卡夫卡

库尔特·沃尔夫 [72] 的回忆

　　我不记得见过卡夫卡多少次。不过，我俩第一次会面的情景如今依然历历在目。那是 1912 年 6 月 29 日，卡夫卡和马克斯·布罗德结伴度假，他们前一天离开布拉格，在前往魏玛途中，于莱比锡做短暂停留。

　　这天下午，与出版社早有联络的马克斯·布罗德把卡夫卡带到了狭小简陋的出版社办公室，这是我们从历史悠久的德鲁古林印刷厂租下的。恩斯特·罗沃尔特（Ernst Rowohlt）和我一起接待了他们（我与罗沃尔特分道扬镳是几个月后才发生的事情）。希望马克斯·布罗德能够原谅我，我或许是最后一个想要贬低他为这位生前和已故好友所做出的不可低估贡献的人——但是，我永远记得这次会面的第一瞬间给我留下的印象：一位经纪人把他亲手发掘的新星展示予人。当然，卡夫卡的确是一颗新星。如果说这一面的印象令人尴尬，那也是卡夫卡的天性使然。他无法用一个轻松的手势或玩笑话来克服初次见面时的紧张。唉，他那副样子可真是受罪。沉默、笨拙、柔弱、羞怯，就像一位面对考官的高中生，那神情仿佛是说，他不相信自己能够满足这位经纪人用各种赞誉所唤起的期待。而且，他怎么会同意让人把自己像商品一样兜售给买家呢？难道他愿意让我们出版他那些不起眼的作品吗？不，不，不。拜访结束后，我松了一口气，告别了那双最动人的眼睛，告别了一个没有年龄感的人脸上最触动人心的表情。他当时已过而立之年，可是他那交织着病容和伤感的容貌，给我的感觉却像是一个长不大的人，或者说，一个从未踏入过成年世界，而且也不敢迈出这一步的青涩少年。

马克斯·布罗德在他为好友撰写的传记中，记述了这次会面及其结果：

> 魏玛之行的重要性还在于，我们中途经过了莱比锡。在那里，我把弗朗茨引荐给了恩斯特·罗沃尔特和库尔特·沃尔夫，他们当时共同领导着罗沃尔特出版社。因为在我心里早就燃烧着一个愿望，要让我的朋友出一本书。
>
> 弗朗茨对我这个愿望内心很矛盾。他既愿意，又不愿意。有一段时间，拒绝的想法占了上风，那是在他回到布拉格后。当时，他面临着一项任务，是把那些他认为可以付印的散文小篇章从一堆手稿——也就是日记中——找出来，并进行最后的润色打磨。他满腹疑虑，在《格林字典》中查找根据，由于对标点符号的规则和正字法细节没有把握而绝望。出版社在看了我带去莱比锡的样章后，从一开始（那可真是走运的年头！）就表示愿意接受，问题仅仅在于弗朗茨何时将最后的定稿寄去。而他执拗得要命，觉得他写的东西一无是处，觉得把过去这些"毫无价值"的文章汇集起来，会妨碍他写出更好的作品。但是，我坚决不肯让步。卡夫卡的日记是他反抗我的见证，然而反抗无济于事。这本书必须完成，而且也最终完成了。
>
> 当看到弗朗茨挑选出来的自认为拿得出手的文字实在太过单薄时，出版社决定把《观察》（这就是这本书的名字）用一种不同寻常的大号字体来排版。这批首版书有九十九页，只编号印刷了八百本，这在今天十分罕见；因为字体硕大，看起来就像是古代的奉献匾额

（Votivtafel）。通过这个难得一遇的偶然现象（按照叔本华的观点，这世上并不存在绝对的偶然），这篇伟大散文的核心特质实际上得到了无以复加的体现。[73]

由此可见，假如没有马克斯·布罗德不知疲倦的催促，这些手稿永远不会被整理，也永远不会被寄出。

四周后，这本以《观察》为题的短小精悍的早期作品于1912年/1913年冬季问世了。这些美丽绝伦的散文篇章是用一种清澈透明的语言写成的，就像他的作者一样没有年龄感。在卡夫卡身上，从没有所谓"发展"；他并非后天而成，而是一贯如此。他的第一部散文集可能是他的最后一部，而最后一部也有可能是第一部。

库尔特·沃尔夫

当然，无论是这本小书还是之后的几部作品，都没有引起太多关注。后来，托马斯·曼和赫尔曼·黑塞才意识到卡夫卡独特与非凡的天赋。1922年，里尔克从穆佐写信给我说："我所读到的这位作家的每一行文字都是以最独特的方式吸引着我，令我惊讶不已。"[74] 这是在卡夫卡去世一年半之前，他享誉世界则是在很晚之后。过去几十年来的杰出人物，无论是在世还是已经离世，几乎没有哪一个不曾认识到卡夫卡的重要性。诗人 W.H. 奥登（W. H. Auden）坚定地表示："如果有人问我，就作家与其所处时代的关系而论，有哪个作家能与但丁、莎士比亚和歌德相提并论，那么第一个就是卡夫卡。卡夫卡对我们至关重要，因为他的困境就是现代人的困境。"

然而在那个时候，在我的印象中，没有一位评论家能够理解卡夫卡想要表达的东西，以及他是如何表达的。即使是被今天的文学史归到卡夫卡一边的穆齐尔（Musil），也在 1914 年菲舍尔出版社出版的《新评论》（*Neuer Rundschau*）杂志上，对《观察》表示不解："……要是换成五十年前的作家，肯定会给它起一个肥皂泡般的书名"，他指责这本书空洞和言之无物，并认定罗伯特·瓦尔泽（Robert Walser）的水平在卡夫卡之上。[75]

1912 年 6 月这一天，卡夫卡在告别时说了一句话，无论此前此后，我从没有听到其他任何一位作家说过这样的话，因此在我的记忆中，这句话与卡夫卡不可分割地联系在一起："比起发表我的稿子，我会更感激您把它寄还给我。"十年过后，到 1922 年 6 月时，这种态度也依然没有改变。他在一封给马克斯·布罗德的信中写道：

> 我的自我谴责有两层含义：一方面，它是实情，如果我能把那个令人讨厌的小故事从沃尔夫的抽屉中拿走，并从他的记忆中抹去，那会让我很开心。他的信对我来说是不忍卒读的。然而，自我谴责不可避免地也是一种方法，它让沃尔夫这样的人无法对此敷衍应和——并非出于虚伪，因为他确实无须对我这样做，而是出于方法的力量。[76]

面对其他作者，我总是用口头和书信的形式对其创作加以鼓励，以便能够顺利拿到稿件，但是，我对卡夫卡却颇有顾虑，不敢轻易闯入他的世界。由于我们之间的关系是通过马克斯·布罗德建立的，因此，我们作为作者和出版商的谈话大部分也是由布罗德作为中间人，而非直接进行。这种做法也正合卡夫卡的意，这在卡夫卡 1918 年 1 月写给布罗德的信中得到了确认：

> 对誊写手稿一事……我感激万分，也谢谢你提醒沃尔夫记得我的事。由你来提醒他，比我亲自提醒他要好得多（前提是你没有为此感到不快），因为这样一来，如果他对某事不感兴趣，便可直言相告；否则，至少在我的印象里，他不会有话直说，至少在信中不会，而在面对面时则要坦率一些。[77]

尽管如此，我还是克服了顾虑，直接写信给卡夫卡，内容也并非只是简短的事务性通告。至少有一次，那是在 1921 年 11 月的一封信中。我想，这大概是我写给卡夫卡的唯一一封"征稿函"；恰巧也只有这一封信，被我留下了草稿。在此，我不妨将其中的主要内容给大家做一分享：

104

> 我们之间的书信往来不多且内容寥寥。在我们保持联络的作家中，没有一个像您这样很少向我们提出愿望或问题，也没有一个让我们觉得他对已出版书籍的外在命运如此漠不关心。在这种情况下，出版商大概有必要不时地告诉作者，作者对书籍命运的这种淡漠态度并不会动摇出版商对出版物特殊质量的信心和信任。我真诚地向您保证，我个人在与我们代理并向公众推出的作家之间的关系中，

几乎没有对哪一位作家有过像对您和您的作品那样发自内心的蓬勃热情。

您不应该把我们用您的书籍所取得的外在成绩，作为衡量我们在销售方面所投入工作的标准。您和我们都知道，通常情况下，恰恰是那些最优秀和最有价值的东西，它们所引发的反响并不会即刻出现，而是要到后来才会显现出来。我们对德国读者仍然抱有信心，他们将来定会具备与这些书籍相配的领悟能力。

如果您愿意将更多书籍交予我们出版，让我们得以借此向外界证明我们对您和您的创作的不可动摇的信任，于我将是莫大的快乐。您决定寄给我们的每一份手稿都会受到欢迎，并在爱与呵护下被出版。如果随着时间的推移，除了短篇散文集之外，您还能将一部篇幅较长、内容连贯的叙事作品或者长篇小说——我从您本人和马克斯·布罗德那里早就听说，您有多部此类手稿几近完成，甚至已然完成——交予我们出版，我将不胜感激。而且不言而喻的是，人们对一部连贯的长篇散文作品的接受意愿，通常是在短篇散文集之上。这是身为读者的一种庸俗而无意义的态度，但它却是事实。这样一部篇幅较长的散文作品必定会在更大的范围里赢得共鸣，与此同时，这样一本书的成功也会为之前出版的那些作品提供更多的宣传机会。

亲爱的卡夫卡先生，请赐予我这样的荣幸，并请告知，接下来可否允我有所期待以及作何期待。

祝愿贵体早日康复。谨以不渝之信念向您致以诚挚和热忱的问候，库尔特·沃尔夫敬上。[78]

这封信在时间上可以追溯到很久之前，直到卡夫卡的第一本书《观察》，以及1913年那一年。1913年5月，库尔特·

沃尔夫出版社开始发行一套新的作品系列。我很看重的是，在以《当代》为题的这一系列的第一批作品中，能够包含一部弗朗茨·卡夫卡的作品。我为此恳求卡夫卡，并建议将他从未打算出版的一部小说的第一章，作为独立短篇交付出版：这便是《司炉》，长篇小说《美国》的第一章。[79] 我讨要手稿的请求显然过于迫切，卡夫卡回复道：

> 暮色苍茫之际，我才收到您的如此热情的来信。当然即便我竭尽全力，也不可能使稿子在星期天之前到达您的手中，尽管与其造成不愿为您效劳的印象，还不如把未曾完善的东西寄出更可减轻些心理负担。虽然我看不出这些稿子会以什么方式，在什么意义上意味着为您效劳。但不知所以然更促使我寄出。长篇小说的第一章我也一定马上付邮，这之前我已将它大部分誊清。星期一或星期二它就将抵达莱比锡。至于它能否独立发表，我不知道；在它上面虽然看不出后面那完全失败的五百页的痕迹，但它毕竟没有充分地自成体系；它是残篇，并将永远是残篇，这一前景赋予了这一章以最大的独立性。①[80]

从上述以及其他多处表述中可以清楚地看出，卡夫卡在世时永远都不会允许信中提到的五百页"完全失败"的部分——换句话讲，也就是《美国》这部小说——被出版。关于人们经常讨论的一个问题，即马克斯·布罗德无视卡夫卡的意愿和嘱托将其遗作擅自交予发表究竟是对是错，由于此事与我无关，我故而无意在此重提。当时，我在犹豫不决且顾虑重重的情况下出版了这些小说，尽管我十分清楚，只有这些小说才能

---

① 译文摘自叶廷芳主编《卡夫卡全集》第六卷，2015年，中央编译出版社。

够揭示卡夫卡作为思想家以及充满哲学神秘色彩的人物的全部意义。

如今三十五年过去，在我看来，假如这些为其整个作品赋予新维度的长篇小说果真按照他的意愿被付之一炬，这是完全无法想象的。

但是，无论当时还是现在，我认为最具文学感染力、语言之精妙堪称完美的卡夫卡作品是他那些篇幅短小的散文，是精彩绝伦的两本薄册子《观察》和《乡村医生》（我知道，这是一个享乐主义美学家的反应，而不是存在主义者的反应）。总让我感到痛苦的是，我在生活中或书本上遇到的卡夫卡读者，大多数最熟悉的却是他的小说，而非他的短篇散文佳作（不信的话可以看一看，西蒙娜·德·波伏娃在自传中提到她和萨特是如何发现卡夫卡的那一段）。

在整个二十世纪乃至更早之前的十九世纪德国文学中，有哪一篇散文堪与《乡村医生》中的那些篇章相媲美？例如《十一个儿子》或《在剧院顶层楼座》，一个只有两个句子（两句！）的散文瑰宝。

人们对卡夫卡作品有过无数哲学分析和理论探讨，却很少有人阅读他——把他当作文学家去阅读。

每当我和一些相识的读者、一些热爱阅读的朋友（一个人还能有其他朋友吗？）在一起，并感觉到他们对我眼中最看重的卡夫卡形象并不了解时，我往往会给他们朗读一页卡夫卡散文中的文字，用这种办法来进行引导——这个办法总是能轻松奏效。自从得到卡夫卡的书信集后，我很喜欢引用他于1923年写给马克斯·布罗德的明信片中的一段文字：[81]

既然你谈到"气愤"，可以说，这是于你于事都不适宜的一种讲话方式。和你谈论这些对你而言更为熟悉的事情，于我是一种愚蠢的表现。但我的确很愚蠢，脑子里也没有头绪，因此，我更愿意说些大实话，比如说：一个孩子为他的纸牌屋倒塌而感到气愤，因为一个成年人挪动了桌子。但纸牌屋的倒塌，并不是因为桌子被挪动，而是因为它原本就是一座纸牌屋。哪怕桌子被劈成柴火，一个真正的房子也不会倒塌，它根本不需要外部的基础。这是多么显而易见、遥远而美好的事情。

卡夫卡与布拉格文学圈

鲁道夫·福克斯[82] 的回忆

　　关于我和卡夫卡初次相见的情景，我已记不太真切。我想，我大概是在 1912 年冬天认识他的。当时，我们这群年轻作家在希贝斯卡大街和石板路交叉口的一家咖啡馆有一个固定的聚会点。[83] 偶尔，卡夫卡也会加入其中。

　　他给人的印象是，他是一个非常健康的人。他对预防疾病似乎格外在意。在一个炎热的午后，我陪他一起走过古老的铁匠街。在一个卖苏打水的摊子前，我停下来，喝了一杯柠檬汽水，之前，我先用手擦拭了一下杯口。卡夫卡不屑地看着我说："这没啥用。"

鲁道夫·福克斯漫画像（阿道夫·霍夫迈斯特 [Adolf Hoffmeister] 绘）

　　一天晚上，我们和一大群人一起去了葡萄园。那是在冬天，天气寒冷异常。卡夫卡穿了一件轻便的大衣。韦尔弗笑话他穿得太单薄。卡夫卡说，他在冬天也会洗冷水澡。面对周围人的嘲笑，他友好地一笑了之。特别是韦尔弗，总是取笑他过于关心自己的身体。我记得，我们当时正站在葡萄园山坡的高处。卡夫卡把裤腿高高挽起，裸露着小腿站立在夜晚的寒风中。

希贝斯卡大街阿尔科咖啡馆内景

　　那时候，我住在一条非常喧闹的街道上，在斯特凡大街和大麦胡同交叉口的一栋房子里。嘈杂的噪声令我不堪其扰。关于这方面的烦恼，我和卡夫卡聊得最投机。我的房子前面是电车站，对面是一家酒馆，在夏季夜晚，每天都有一个小乐队在花园里演奏，一直到深夜。从一家夜间咖啡馆整日传来器乐

109　的演奏声。与我家一墙之隔，是一个患结核病的裁缝师傅的病房；他是个已婚男人，妻子弹钢琴。我们在那里整整住了七年。我工作很劳累，却又睡不好觉。卡夫卡的睡眠也很差。他告诉我，他也遇到了失眠的问题，后来又加上头痛的折磨。他客观地向我描述他的头痛症状，口气中没有丝毫对同情的期待和渴求。对他来说，头痛就是头痛，用他的话说，这是他暂时领先于我的地方。

　　他对付噪声的办法，是用棉球堵住耳朵。他强烈推荐我采取这种方法。我听从了他的建议，直到今天，如果我不事先堵住耳朵，便无法入睡。有一次，我在他那里看到一对可以绑在耳朵上的小棉垫儿，我猜想，这八成是女人送给他的礼物。

　　人们经常会在布拉格的街头和公园里，遇到独自一人散步的卡夫卡。如果有人主动和他搭伴，他也绝不会拒绝。他不喜欢谈论自己，当别人讲话时，他总是全神贯注地倾听。即使疾

110　病缠身时，他也总是面带微笑。那副神情中，隐约透出一丝埃及式的神秘感。

　　他总是愿意与人讨论，或者说愿意与人沟通，无论是用简短急促的话语，还是用一种意味深长但绝不会被误解的沉默。他总是用心关注着朋友们的生活和创作。他是很多人的朋友，虽然他只允许极少数人成为他的朋友。我总是心怀感激地回忆起一件事：有一次，我在赫恩大街遇见了他。几天之前，我创作的一首诗发表在《日报》（*Tagblatt*）上，题为《宁静的寓所》（Villa Milde Ruh）。他对此称赞不已。可我本人对这首旧作已经不那么满意，于是便冒昧地表示，我怀疑他的赞美是否出于真心。卡夫卡当即背诵了这首诗的片段。

　　当他的第一本书《观察》在沃尔夫出版社 [84] 出版后，他告诉我："安德烈书店总共卖出了十一本，我自己买了十本，我只想知道第十一本是谁买走的。"他得意地微笑着。至于说他

在书里写了些什么，这本书对他来说是重要还是不重要，他却
闭口不谈。

有一次，威利·哈斯（Willy Haas）邀请他在瓦茨拉夫广
场一家酒店的小厅为布拉格作家举办朗读会。当时，卡夫卡朗
读了后来在沃尔夫出版社出版的小说《审判》的片段。他的朗
读有一种安静而令人绝望的魔力，以至在时隔近二十年后的今
天，他站立在昏暗狭窄的朗读厅的身影，仿佛依然在我眼前。
但是除此之外，所有其他的事情我都已经淡忘。[85]

卡夫卡体形修长，身材匀称，相貌俊美。说到女孩们时，
他充其量只是泛泛而论。从1917年到1918年，我生活在维也
纳。卡夫卡给我写信并请求我，为他租一间安静的酒店房间。
他从布达佩斯过来。在布拉格时，他已经向我透露，他将在布
达佩斯做出决定，是继续遵守还是解除婚约。到了维也纳后，
他告诉我，他和未婚妻已经分手。[86]说这话时，卡夫卡脸上的
表情十分平静，甚至让人感觉很自在。他和我一起去了中央咖
啡馆。当时天色已晚，咖啡馆里显得很冷清。卡夫卡看上去心
满意足。

一位年轻漂亮的布拉格姑娘告诉我，她给卡夫卡写了很多
封信，对他爱得不能自拔。卡夫卡认真地回复了她，并提醒她
要珍重自爱。

后来我再见到他，是在他生命的最后一段时间。他变得很
消瘦，声音嘶哑，呼吸困难。虽然天气寒冷，可他身上的外套
却依然很单薄。在街上，他让我看他的外套是多么宽松，穿上
它感觉是多么舒适，不会让他呼吸时感到局促。他几乎可以在
里面翩翩起舞。

又过了几个月。他离开了布拉格。我听说他的状况非常糟
糕，可以说已经病入膏肓。我收到了一张明信片，上面写着：
假如没有意外的话，星期一我再给您多写几句。

葬礼。布拉格犹太墓地的祷告大厅。人流熙攘。希伯来语的祷告词。哀恸的父母和妹妹们。绝望失声的伴侣，如死去一般扑倒在他的坟墓前。天气阴沉，偶有阳光透过云层。天哪，人们无法相信，作家弗朗茨·卡夫卡躺在这具光秃秃的木棺里，可他的光芒才刚刚崭露头角。

孩童之间

爱丽丝 · 索默尔 [87]

卡夫卡对我来说就像我的鼻子一样熟悉，我和他是青梅竹马的交情。我用卡夫卡的眼睛观察布拉格，也用卡夫卡的眼睛观察人。

我第一次遇见他，大概是在十岁的时候，和我的双胞胎妹妹玛丽安一起。卡夫卡非常喜欢孩子，也招孩子喜欢，其实他自己本来就是个孩子。我还记得，他和我们俩一起散步，一手拉着双胞胎中的一个。有一幕给我留下了深刻的印象，那是在一片林子里。当时，我俩和家人一起在布拉格郊外避暑，卡夫卡和费利克斯·韦尔奇来找我们玩儿。我们一起在林子里散步，他让玛丽安和我坐到长椅上，他自己坐在对面的石头上，然后给我们讲了一个故事。

他说话声音很轻，音调应该属于中音。在平时的交往中，卡夫卡虽然生性腼腆——仿佛为自己生而为人感到抱歉——但却非常幽默，在我看来，这种幽默也是其文学作品的一个伟大之处。他想告诉我们，世界只有靠幽默才能忍受，我们不能对它太过认真，否则这一切就会难过不堪。他的目光可以洞察人的灵魂，他的微笑带有一股摄人心魄的魔力。我永远忘不了他的眼睛，那是孩童的眼睛。

他是个孩子，当时在那片林子里相对而坐的，原本就是三个孩子。我不记得他给我们讲了些什么，但是它一定在我身上留下了深刻的印象，因为那个场景在我脑海中始终栩栩如生，他讲话时的样子让我迄今难忘。他便是歌德所说的我们应当以之为师的孩童。卡夫卡用他孩童般的眼睛，发现了这个世界。

战争爆发时的偶遇

恩斯特·波佩尔[88] 的回忆

在一个人的记忆中，一起重大事件的发生有时是与个人经历密不可分的。于我而言，奥地利对塞尔维亚的宣战，标志着世界大战辉煌年代开端的这起事件便是如此。那是 1914 年 7 月炎热的一天，这幅画面在我的记忆中依然清晰如昨：一群激动的民众挥舞着手臂，一路吵吵嚷嚷，朝着当时奥地利外省都城布拉格的主干道瓦茨拉夫广场走去，直到军乐队的旋律盖过一切，将所有人带入爱国歌曲的合唱中。群体暗示是彻底的，即使是那些洞察时势、不会受骗人的政治把戏愚弄的人，也无法轻松地抵抗奥地利当局精心策划的这起示威活动企图带给人的印象。捷克人的布拉格，数十年来一直在针对维也纳进行民族抗争的布拉格，泛斯拉夫主义思想盛行、从不掩饰对南斯拉夫独立运动之同情的布拉格，在开战的第一天却被奥地利爱国主义狂潮所吞噬。这当然只是表面现象，因为捷克爱国分子刚刚被宣战的消息惊得目瞪口呆，因此只能先尽量保持克制，将大街让给那些对奥地利极端爱国主义效忠的人。

就在我思考这些关联的同时，我对许多示威者脸上的狂热表情感到惊讶万分，他们有的在尖叫，有的放声高歌，爱国主义的群体癫狂让这些人陷入了狂喜之中。忽然间，在一闪而过的人流中，一个熟悉的面孔映入我的眼帘，这张面孔也因人为煽动的狂热情绪而彻底变了样。这个身材高大的年轻人，在空中狂热地挥动着瘦弱的胳膊，如同陷入了酒醉后的忘我状态。

他似乎在下意识地喃喃自语，其脸上腼腆和蔼的标志性微笑，在涨得通红的脸颊上像被抹去了一般，那双灵光闪动的孩童似的眼睛仰望着天空，仿佛是在遥远的地平线背后寻找着什么。"弗朗茨·卡夫卡！"我大喊道。可他没听见，几秒钟后，便被涌动的人流再次冲出了视线。

那天傍晚，我在一家咖啡馆里遇到了弗朗茨·卡夫卡，他的周围是一群陌生人，正在热烈地讨论着国际大事。像往常一样，卡夫卡很少参与谈话，而是专注地倾听。此刻，他又恢复了惯有的安静、神色迷离的表情。"我今天在瓦茨拉夫广场看见你了"，我对他说。他眼睛一亮，回答道，"那场面真是太棒了"，语气中带着一种强调的意味。但是一说完话，他变得若有所思，然后解释说，他的热情爆发绝不是因为令他恐惧和厌恶的战争，让他大为震撼的，是这种非同一般的爱国主义群体体验。[89] 如今，相隔一代人的时间，这样的行为在人们眼中或许会显得有些矛盾，但在当时却不然。虽然卡夫卡从整体上看是一个特立独行的人，但在这种情形下，他的行为对当时的许多奥地利知识分子来说却颇具典型性，矛盾并非出自他这个人，而是当时的环境。在奥地利知识分子当中，有很大一部分人坚定地支持奥地利国家理念，但同时却又强烈谴责维也纳的错误政策，它为普鲁士－德意志军国主义提供了靠山，并由此为多瑙君主国招来了厄运。从这一点来看，反战立场与奥地利爱国主义是可以兼容的。

然而，当战争爆发后，那些在政治上拥有远见卓识的人却经历了一场沉重的心灵打击，因为他们预见到，无论是即使在德国人的帮助下也希望渺茫的胜利，还是概率更大的失败，都必将给奥地利带来一场灾难。

假如在战争中获胜，奥地利将彻底依附于傲慢张狂的普鲁士势力，并由此走上普鲁士化的道路；而战争失败所带来的结果，必将是奥地利的解体和整个中欧地区的巴尔干化。这一不可避免的趋势，是战争爆发当日，聚集在布拉格咖啡馆桌边的这群年轻作家和艺术家讨论的主要话题。因此，当时的气氛十分压抑，与街头巷尾的欢呼形成了鲜明对比。周围人的悲观情绪也深深地影响了卡夫卡，他的脸色变得越来越阴郁。如果有人看到他的这副神情，一定会以为他刚刚遭遇了一场痛苦的个人经历，因为在他的表情中，痛苦和绝望太过一目了然。然而，对于一个在数小时之前亲眼见证他激情爆发的人来说，这种昭然若揭的心理变化却是一个令人着迷但又有些不可思议的现象。

　　大多数时候，只有那些没有头脑和缺乏批判性思维的人，才会毫无抵抗地随波逐流。然而在这里，我们所说的是一位塑造者，一个富有创造力的人，他对隐藏在人和事背后的深层奥秘拥有超乎寻常的了解。但是，当人们与卡夫卡交谈时，很少会从他身上获得这种印象。在个性方面，他给人的感觉有些幼稚。虽然他在表达对人和问题的看法时，语气中总是充满敬意，并因此带给人极大的好感，但是却很难给人留下一种成熟霸气的印象。相反，他在判断上的胆怯，以及在面对现实事务时的茫然无措，都让他显得更像是一个与世隔绝的另类，而且事实上，他的确是一个另类。只有当你读过几本他那天马行空、撼人心灵的小说后，才会知道在他天真外表的背后，藏着一个高速运转的引擎，这个引擎可以直抵人类本性中无法探及之深渊。关于这个引擎的奇特运行方式，人们只能依靠猜测。被柏格森 ① 称为直觉的能力，在卡夫卡身上似乎达到了不可估

116

---

① 　亨利·柏格森（Henri Bergson，1859~1941），法国哲学家，以优美的文笔和富有吸引力的思想著称。1928 年，以《创造进化论》获得 1927 年度诺贝尔文学奖。他认为人的生命是意识之绵延或意识之流，是一个整体，不可分割成因果关系的小单位。

量的程度。但是，其卓越的洞察力只能解释卡夫卡创造性天赋的一面；同样重要的是，在一战之前十年逐渐成熟并达到写作巅峰的卡夫卡，是一个典型的时代之子，是其他时代几乎无法想象的一种现象。

但是，这个对时代病症拥有非凡洞察力的卡夫卡，究竟是怎样一个人？他既不是弗洛伊德那样的医生，也不是卡尔·克劳斯（Karl Kraus）那样的时代批评家——这两位伟大的奥地利人是从另外的方向探及时代的困境。而卡夫夫认识自己时代的方式，却是那位伟大的医生和伟大的时评家都无法企及的。他的身边常常笼罩着一种神秘的氛围，就连他最亲密的朋友也无法看破。直到后来，人们才终于揭开了他的秘密：他是个病人。他的肺部有严重的疾患，卡夫卡往往要花费很大的力气，才能让自己被疾病削弱的身体进入写作的状态。而且，肺结核并非唯一令其饱受折磨的疾病。他还频繁地受到严重的抑郁症的困扰，其原因并不仅仅在于疾病本身。疾病在他身上的作用，似乎只是让潜伏已久的一系列神经病症更加清晰地得以暴露。毫无疑问，卡夫卡的性格属于典型的神经质类型，他必定经常要与自我进行艰难的搏斗，才能让努力达成的心理平衡不被打破。他对这种危险显然时刻都有意识。一个容易晕眩的人走在路上时，自然要小心翼翼地绕开沟壑；而卡夫卡实在太过清楚，他是多么容易跌入深渊。别人只是稍有兴奋，他却已迅速地陷入狂喜；别人只是略感沉闷，他却已然绝望得不能自拔；他虽然酒未沾唇，整个人却已酩酊大醉。事实上，他的确经常在布拉格老城的一家小酒馆里一口气坐上几个小时，面前摆着斟满的酒杯，可他却一口不喝，也不与旁边相熟的客人交谈。最后，当心情明显好转时，他却会突然举起杯，向身边的人频频敬酒，令后者瞠目结舌。这家酒馆那些平常的客人把他看作一个怪人，虽然不甚有趣，却也不讨人嫌。然而对卡夫卡来说，他在他们当中的这种表现却意义非常。一位滴酒不沾的酒徒——这个角色从本质上讲，正是他一生的命运。

从性格来看，他是个极度内敛的人，从来都未能真正地塑造自己的人生。他回避所有重大决定，回避一切有可能深刻触动他的经历。他的人生是一场神秘无休止的逃亡，而他真正逃避的对象其实是他自己。甚至当意料之外的成功摆在面前时，他仍然选择了逃避。他是个病人，无论肉体还是心理。其持续不断的逃避，也像是一种装病行为，为的是躲开那些他自认为无力应对的事情。然而，这个在年轻时便已嗅到死亡味道的病人对其所处的病态时代，却比周围那些甘愿被生存本能所欺骗的健康人有着更深的理解。而最最重要的是，弗朗茨·卡夫卡除了疾病和内敛的性格之外，还拥有某种才能，使他得以成为一个罕见的非凡之人。或许，他并不是一个纯粹意义上的天才，但是他的身上的确有着许多天才的特质。他拥有天赋的直觉，并用它来理解其生活的时代；他拥有天赋的艺术感受力和创造力以及格外挑剔的眼光，并把后者作为评判自身创作的标准。

"男友"卡夫卡

奈莉·恩格尔[90] 的回忆

在我年轻的时候，"boyfriend"这个词——最近我看到有人把它翻译成"Dauerfreund"（固定男伴）——还不流行。年轻姑娘们和她们相识的年轻男子约会时，通常都是和这些想要在她们面前"露一手儿"——在我们当时的俚语中，这个说法还是指精神上的熏陶——的男人一起去听音乐会，看戏，参观博物馆和艺术展，或者是在咖啡馆见面。不过，在"黄金时代"的布拉格，少男少女在一起最喜欢做的事还是散步：穿过古老的查理大桥，走到布拉格小城和城堡区，在那些浪漫的小巷里，不仅可以欣赏一座座教堂和宫殿，还可以对它们在艺术史上的地位进行点评。

我和许多前途无量的青年男子，有过无数次这样的漫步，其中一些人后来成了声名显赫的人物，例如历史学家汉斯·科恩（Hans Kohn）、哲学家和记者罗伯特·韦尔奇（Robert Weltsch）、诗人赫尔曼·乌加尔（Herrmann Ungar），等等。但是，与弗朗茨·卡夫卡享誉世界的声望相比，所有这些人的光芒都会黯然失色。我是在咖啡馆里认识卡夫卡的，他是当时布拉格为数众多但鲜为人知的新兴作家之一。他在听完朋友费利克斯·韦尔奇的演讲后，来到了这家咖啡馆。从那以后，我们经常会在街上偶遇，因为我俩住的地方相距只有几分钟的路程。他通常会站住，和我说几句话。在我的记忆中，大多数时候他的话题都与健康状况有关，比如："您从来都不头痛吗？我几乎总是头痛。"他一边说着话，一边用手摸了摸额头。后来，我们开始相约漫步。关于当时的谈话内容，我已不大记得。但是有一次，我把当时十四岁左右的妹妹特鲁德也带着一起去散步，而这次散步后发生的事情却让我终生难忘。我们走过查理大桥，来到城堡区。在聊天过程中，我和妹妹之间好像发生了争执，争执的具体内容我已经忘记，但肯定是和我们不同的性格和世界观有关。这次愉快的漫步也因此不欢而散。

　　第二天一早，邮递员给我送来了一封卡夫卡用清秀笔迹写成的长达四页的信。他在信中梳理了前一天的谈话，深入细致地分析了我们两姐妹的性格特征，并为我俩平和地化解矛盾提出了建议。我对这封信的内容非常重视，为了能够反复阅读，我把它整天带在身上，直到有一天再也找不见它。我还记得，我为丢失这封信感到十分沮丧，我对母亲说："我知道，我这辈子再也不会收到这样美好的信了。"那一年我十八岁，卡夫卡还不是一位著名的作家。

　　我妹妹好像还跟我和卡夫卡一起散过一次步，因为我哥哥弗里德里希·蒂伯格（Friedrich Thieberger）在回忆卡夫卡的文章中这样写道："一天晚上，我和我父亲正站在关闭的大门前（时间大概是晚上十点之后，布拉格所有公寓楼都已大门紧锁），这时，卡夫卡陪着我的两个妹妹从外面回来了。我父亲几天前刚刚读完《变形记》，虽然卡夫卡一般不太愿意跟别人谈论自己的作品，往往是一笑置之，可是这一次，他却乐意让父亲对人到甲虫的蜕变点评几句。然后，卡夫卡退后一步，神色异常严肃，他摇了摇头，仿佛在谈论一件真实发生的事情，说道：'在家里边，可真是什么事都有可能发生啊。'"

　　后来，我又收到过卡夫卡的另一封信，这封信也与我和妹妹有关。这封信的前因是这样的：卡夫卡搬出了父母的住处，搬到了破旧的长街一栋古老寒酸的房子里。我们听说他生了病，不能离开他的房间。为了让他从窗户看到的景致能够令人愉悦一些，我和妹妹去了一家花店，为他家每扇窗户挑选了三盆盛开的鲜花，然后寄到了卡夫卡的地址。收到两个年轻女孩寄来的特别礼物，卡夫卡显然十分开心。在当时，她俩很可能已经预见到，卡夫卡注定是个不寻常的人物。可是，他表达谢意的信件也和我的其他私人财产一样，成为纳粹迫害下辗转流亡的牺牲品。不过，我还记得这封信那句特别的结尾："多么好的人儿，多么值得亲吻的手。你的弗朗茨·卡夫卡。"

这里值得一提的，或许还有我募集长袜的那段故事，虽然它与弗朗茨·卡夫卡并没有直接关系。在第一次世界大战期间，我曾经作为志愿者在波兰一所难民子弟学校任教。这所学校是天才教授阿尔弗雷德·恩格尔（Alfred Engel，与我并无亲戚关系）的杰作，他不仅让数百名难民儿童在生活上得到了安顿，为他们的未来打下基础，而且还为他的学生们提供膳食和衣物。有一天，我收到一个任务：为女孩们筹集长筒袜。就像学校所有老师一样，我不能为此花一分钱。我的第一站是卡夫卡家的饰品店，这家店铺和弗朗茨曾经就读的中学在同一栋楼里。老卡夫卡先生就在店铺里，听我说出我的请求后，他看着我说："我认识你，你是弗朗茨的朋友，他曾经说起过你。"卡夫卡先生为难民儿童捐赠了一百双长袜。有一次，我给马克斯·布罗德讲了这个故事，他听后大受触动。用布罗德的话说，这个故事证明，保罗·艾斯纳（Paul Eisner）和其他一些根本没有见过卡夫卡父亲的人所描述的后者的暴君形象，完全是错误的。

卡夫卡父亲在金斯基宫的店铺内景

当时对我们这群人来讲，与犹太复国主义信仰密切相关的，是对希伯来语复兴的信念，于是，学习"新希伯来语"便成为顺理成章之事。弗朗茨·卡夫卡的第一堂希伯来语课，是在我哥哥弗里德里希·蒂伯格那里上的。而布拉格第一家犹太复国主义女子俱乐部的一群活跃热情的姑娘，则是由年轻的哲学家和后来出任耶路撒冷希伯来大学首位校长的胡戈·贝格曼博士亲自教授。我们对学习投入了莫大的精力和热情，这股劲头只有理性之人在睿智可亲的老师的引导下才有可能保持。

夏天，贝格曼一家住在波德巴巴的一栋小屋里，波德巴巴是布拉格郊外的一片别墅区，距离布拉格大约一个小时的路程。为了不错过任何一节课，我们每个星期天都会翻过起伏的山坡，到波德巴巴去上希伯来语课。一个星期天的下午，我们

埃尔莎·布罗德，马克斯·布罗德

刚刚上完课，贝格曼的一群朋友前来做客。这是一群才华横溢的人，他们每个人都在自己的领域有出色表现，每个人都对其他人的成就抱有浓厚的兴趣，并通过友谊的纽带紧密相连。每周五晚上，他们都在贝格曼聪慧的岳母贝尔塔·凡塔的沙龙里举办定期聚会，朗诵各自在过去一周创作的作品，一起讨论、批评和赞扬这些作品，并从这个团体中获得激励和灵感。

一个星期天的下午，这群人趁着夏日的美好时光，又额外增加了一次聚会。这一次，他们把女伴也带来了。其中有费利克斯和伊尔玛·韦尔奇，马克斯和埃尔莎·布罗德，盲人诗人和音乐家奥斯卡·鲍姆和他形影不离的贤惠妻子，最后还有弗朗茨·卡夫卡。大家坐在房子前面的草地上喝咖啡，直到傍晚时分，再一同踏上回家之路。

在通往伏尔塔瓦河畔山坡的小径上，大家只能两两结对前行，我和卡夫卡走在最后一排。当我们走到山坡最高处时——从这里可以眺望伏尔塔瓦河和对岸景色——卡夫卡突然停下来，指着面前的景色说："您看见那边的博赫尼茨疯人院了吗？有一天，我会在那里结束我的生命。"我们所有人都有一种感

觉，卡夫卡与平常人有些不同。或许正是因为这个原因，当我
听到他这些话时，后背不禁生出一股寒意。今天大家知道，他
的预言并没有实现。

1916 年，我在马林巴德偶然遇到了卡夫卡。[91] 我当时是
从卡尔斯巴德我家避暑的地方来这里做一日游，为的是见见
我的女友米兹·施莱伯（Mizzi Schreiber）的未婚夫。所以，
当卡夫卡邀请我一起散步时，我因为没有时间而拒绝了他。我
的女友在这次偶遇时也在场，她还记得，卡夫卡在不打断对话
的情况下突然弯下腰，轻轻拾起我的两端松开的裙带，然后把
它系紧。显然，他对衣服凌乱的这种细节十分在意。

我最后一次与卡夫卡较长时间的相处是在 1919 年。而且，
这次会面着实带有某种后来被世界文学界称作"卡夫卡式"的
意味。

在此之前，我结了婚，和丈夫住在一栋新建的别墅里。这
栋别墅位于优雅的郊外花园式街区布贝内奇新建的一条大街
上，离禁猎区公园不远。我们能够在这栋别墅里得到这个住
所，是得益于当时的一项临时法规。根据该法规，别墅所有者
只能占用和家庭成员数量相等的房间，剩下的房间必须出租给
租户，以缓解战后住房短缺的问题。当我偶然在街上碰到卡夫
卡时，他表达了想要到我家拜访的愿望。因为我知道他从不会
为了客套去别人家串门，所以我对他的提议感到十分自豪和开
心。我们约好了日期和时间，我仔细向他描述了到我家的路
线。这件事实在不容易，因为那条街还没有名字，房子也没有
编号。

这天终于到了，按照约定的时间，卡夫卡将在四点钟到
访。我为准备工作花费了大量心思：把客厅——里面的洛可可
式家具是我从拍卖会和古董店购得的——布置得温馨舒适，摆

上鲜花，还准备了美味的点心。四点，五点，直到六点过后，卡夫卡仍然没有到。我知道他绝不会无缘无故爽约，于是我开始感到担心。当七点已过时，我心情沉重地拿掉桌上铺好的精美桌布，两人坐下来，开始吃和平日一样的简单晚餐：夹着奶酪的黄油面包和一杯茶。

就在这时，门铃突然响了，我跑下楼梯，弗朗茨·卡夫卡正站在门外。他告诉我，他从四点开始就一直在寻找我们的公寓。他转遍了整个街区，没有人能够为他提供帮助。于是，他就这样东游西荡，转了足足三个多小时。可他一直没有放弃，直到最终找到了目的地。听到这段曲折的故事后，我心里既感动又高兴，还微微有些伤感。

当时，卡夫卡大概已经在考虑未来的事情，因为他没有把他的书作为礼物送给我们这对年轻夫妇，而是选择了用绸布封面装订的托马斯·曼的《儿童的歌唱》。

我哥哥在回忆录中提到了卡夫卡的这次拜访："卡夫卡从明亮房间的各种细节所感受到的喜悦，是极不寻常的。人们可以感觉到，他对细节和身边事物的温暖是多么依恋，因为对远方的恐惧总让他感到寒冷。过了几天之后，他还在向我描述那个漂亮房间的角落和细节。"

1924 年，费利克斯·韦尔奇在《自卫》杂志——这份刊物在我生活中具有十分重要的意义，因为在一战期间找不到男性编辑的那些年，我曾担任该报的编辑，韦尔奇是我的继任者——纪念好友的追悼文章中，写下了富有预见性的一段话，这段话值得被世人铭记："他是一个拥有超凡细腻的情感和水晶般澄澈心灵的人，一位声名有待后世见证的作家，一个与犹太文化血脉相连的犹太人，一名热忱的犹太复国主义者。"

与卡夫卡一起观看歌剧《卡门》

格尔特鲁德·乌尔齐迪尔 [92] 的回忆

　　我第一次见到卡夫卡，是和我今天住在伦敦的姐姐内莉一起在布拉格老城街道上散步的时候。一个高大的绅士朝我们走来，向我们深深鞠了一躬。"这个新的战利品是谁？"我问。"这是卡夫卡博士，"内莉回答道，"是我朋友奥特拉的哥哥。有一次我和她在她家门口告别时，他看到了我们，从那以后，他每次遇到我，都会和我打招呼。听朋友说，他是一位作家。"我用典型的少女口吻反驳道："在布拉格，几乎每个有支钢笔的人都是作家。"那之后不久，我们在马克斯·布罗德主持的一场讲座上又遇见了卡夫卡。当时，布罗德开办了一系列讲座，讲述当代文学。卡夫卡借这个机会，向我姐姐和哥哥，包括我这个充满好奇心的小女孩做了自我介绍。我哥哥是后来颇有声望的宗教哲学家弗里德里希·蒂伯格博士，他于1939年移居耶路撒冷，1958年在那里去世。

　　卡夫卡参加了所有十二场讲座，我们总是一道回家，因为蒂伯格一家、布罗德夫妇和卡夫卡都住在附近。一天晚上，在互道"晚安"前，卡夫卡问我愿不愿意和他一起到新德意志剧院去看歌剧《卡门》。我欣然接受了邀请。当我征求父母许可时，他们也没有提出异议。当时卡夫卡虽然还不是名人，却受到周围人的普遍尊重。在一起看戏的时候，他没有像一般人那样带给我糖果，而是送给我一份珍贵的礼物：他的第一部作品《观察》，扉页上写着下述题词：

126　　　"献给特鲁德·蒂伯格小姐，随附亲切的问候和一条忠告：

FRANZ KAFKA

BETRACHTUNG)

MDCCCCXIII

ERNST ROWOHLT VERLAG

LEIPZIG

带有卡夫卡题词的《观察》一书的扉页

　　本书未能遵循那句谚语，'苍蝇无法飞入紧闭的嘴'。[93] 因此，它里面满是苍蝇。最好一直把它合上。F. 卡夫卡。"

　　那时候我还很年轻，几乎还是个孩子。卡夫卡在把这本字体硕大的书递给我时，补充了一句："您看，它看上去就像一本启蒙读物，所以，这其实是一本童书。"这便是卡夫卡对这部开启欧洲文学新时代之作的评价。对这位作者来说，这条谦逊的自我评价是其个性特征的一种表现。每当人们问及他的职业时，他从不会回答自己是作家，而往往是告诉对方，他在一家保险公司工作。他的上司们对他撰写的公文颇为欣赏，从那些文章里，自然看不出他的独特文风。卡夫卡把保险业比作原始部落的宗教，这些人相信通过某种特殊操作可以避免不幸事件的发生。他的目光总是带着一丝惊讶，他的身上散发出一种青春的智慧，伴着一股温柔的忧郁气息，让充满智慧的微笑更加富有魅力。从总体来看，他整个人透着一种拘谨的局促感。因为他不属于那种随时准备好答案的"自命不凡"的人，只有在街头打招呼时，他才总是慌张地抢在前面，不让别人第一个开口。因此，人们完全可以用"文如其人"来形容他：他和他的作品一样安静、审慎，同时又不乏快乐；不易相处、难以捉摸，即使对爱他的人而言也不例外。他表面看似简单，但内心深沉，精神世界纯净至极，目光深邃得看不见底。

当卡夫卡 1924 年 6 月 11 日在布拉格墓地下葬时，我站在一群悲伤的朋友中。自童年时代起，奇妙的命运就把我与死亡和逝者紧紧联系在一起。这是我们这一代年轻人共同的经历，但是对那些在第一次世界大战期间成长起来的人来说，却是一种不同寻常的经验。后来，告别渐渐成为一件司空见惯之事。然而直到今天，我仍然能够感受到五十多年前那场葬礼上我所体会到的那种刻骨铭心的刺痛。

卡夫卡与蒂伯格一家

弗里德里希·蒂伯格[94]的回忆

第一次近距离接触卡夫卡时，我刚刚过了上大学的年龄，而他比我大五岁，已经是一家保险公司的法律文员。他身材高挑、瘦削，面色苍白，嘴角带着一丝严肃的紧张，但脸颊却总是挂着微笑。他似乎是一个对自己格外严苛、对世界却极为友善的人。他说话语气温和，无丝毫做作，同时又有一种谦逊的自信。他很少谈论自己，从不厌倦倾听，行为更多是被动，而非主动。但是，当他在谈话中对某个想法做出回应时，人们会深感惊讶：他的话仿佛来自另一个世界，然而却与话题十分贴切。我清楚地记得，每次与他见面后我都会有些沮丧，在心里不断默念：太古怪了，太古怪了！不是因为他的思路或思想本身有何奇特之处，也不是因为他的表达有何特别之处，而是他的反应方式。他的一个妹妹外表和他很像，在家人中和他最为亲近。在她身上，人们也能感受到这种反应方式，而且更加犀利，更有棱角。因此，这种反应一定是天生的，而非后天形成的思维模式。

当时，在第一次世界大战爆发前的几年里，诗歌和散文写作在布拉格十分盛行，尤其是在年轻人当中。马克斯·布罗德是年轻一代的先驱人物和名副其实的提携者。当时，他刚刚向世人推出了比他年轻许多的弗朗茨·韦尔弗，在各种圈子里，人们又已纷纷说起他新发现的散文作家，弗朗茨·卡夫卡。老一代人对新一代表现主义作家的语言颇感困惑，他们指责这些

工厂主和商人子弟，说他们故弄玄虚，刻意追求晦涩。但是，
这种批评对卡夫卡却不适用。当他的《观察》一书以超大字体
出版后，人们惊讶地发现，与当时的流行趣味相反，作品使用
的是最简单的语言，没有华丽的辞藻，没有新造的名词和隐晦
的词汇。就在《观察》问世前不久，我第一次见到了他，在书
商陶西格（Taussig）开在老城环路的小书店里。书商对他说：
"您的书已经在到处发布预告了。"卡夫卡尴尬地笑笑，转移
话题，这让他的伙伴比他更加尴尬。卡夫卡总是这样：出人意
料，又不知所措。卡夫卡当时还很健康，诗人鲁道夫·福克斯
（Rudolf Fuchs）跟我说，卡夫卡非常喜欢在伏尔塔瓦河上做
水上运动。

当《观察》和之后不久的《司炉》（长篇小说《美国》的
第一章）出版后，在挑剔苛刻的布拉格圈子里，再没有人对卡
夫卡品头论足。对文化圈而言，他俨然变成了一位圣人。那位
才华横溢但不幸早逝的数学家巴哈拉赫（Bacharch），总是
不厌其烦地大段背诵卡夫卡的作品。卡夫卡很少出席活动。但
我记得有一次，在一场活动上，布罗德太太正在朗诵《致某科
学院的报告》，大家突然都屏住了呼吸：卡夫卡来了。他是自
己悄悄溜进来的，一心不想被人发现；眼下，他恨不得马上逃
开。当时，大约是在1920年前后，这场晚间活动之后，大家
还想去咖啡馆再坐一会儿。可是，到了大陆咖啡馆门口，众人
却突然停步，因为卡夫卡不想进去。当时他的身体已经很糟
糕，他显然是对烟雾缭绕的空气抱有恐惧心理，或许也对熬夜
应酬的亢奋有些害怕。可是，当他说着"我就不去了"时，脸
上的笑容却带着明显的伤心，这让我们感到很吃惊，他一定觉
得自己被冷落了！我们纷纷劝说他，一方面想通过同情找到心
理平衡，同时也是出于自私心理，想把这个多少有点儿不合群
的人留在身边。我们最终说服他留下来，和大家在一起。他当

130　　时给大家的印象，仿佛是一个意识到自己违背了誓言和教规的人。他静静地坐在那里，对我们的所有谈话都表现出关注，同时小心谨慎地避免成为众人的焦点。

弗里德里希·蒂伯格

　　我们住的地方相隔不远，他住在老城广场拐角父母家的房子里，我和父母住在邻近的一条侧街上。一天晚上，我和我父亲正站在关闭的大门前，这时，卡夫卡陪着我的两个妹妹从外面回来了。我父亲几天前刚刚读完《变形记》，虽然卡夫卡一般不太愿意跟别人谈论自己的作品，往往是一笑置之，可是这一次，他却乐意让父亲对人到甲虫的蜕变点评几句。然后，卡夫卡退后一步，神色异常严肃，他摇了摇头，仿佛在谈论一件真实发生的事情，说道："这真是件可怕的事啊。"他曾经送给我妹妹特鲁德——她和丈夫乌尔齐迪尔后来在美国出版了不少有关卡夫卡的珍贵文献——一本他的小说《司炉》，[95] 上面写了很长的一段献辞；那是引自梅里美的一段话，开头一句是："苍蝇无法飞入紧闭的嘴。"卡夫卡的字小巧清秀，只有辅音字母有力的竖线显露出作家的自我意志。他的笔迹就像一面镜子，从中反映出他在日常小事中感受到的孩子般的快乐，好以此来摆脱那些沉重思考所带来的阴影。我还记得有一次，我和他一起站在他家门前，闷闷不乐地聊起一些个人的事情，这时他的脸上突然露出温柔的笑容，说："我有样东西给你看！"他小心翼翼地把手伸向皮夹，仿佛要掏出一样私藏的宝贝。他怯生生地打开皮夹，终于在一堆纸片中翻出了要找的东西：一张照片，那是他大妹妹家几个孩子的合影。他从这些温暖的生活琐事中所获得的欣慰，通过他的目光暴露无遗。不过，我还能回忆起他对摄影问题所表现出的另一种态度，人们可以通过这件事感受到他平日里对摄影的恐惧。有一次，我在路上遇到他，当时我手上抱着一个形状奇特的照片放大箱。他看到后显得很惊讶。"你摄影吗？"他问道，"摄影其实是件很可怕的事。"停顿了一会儿，他又说，"而且你还把照片放大！"

有一次，我们一起去我妹妹奈莉·恩格尔家做客，她曾长期担任犹太周刊《自卫》的主编，这是卡夫卡经常阅读的一份杂志。我妹妹几个月前刚刚结婚，当时住房十分短缺，她在一个别墅区找到了一套房子，用了很多小物件布置自己的起居室。卡夫卡对这个明亮房间里的种种细节表现出特别的喜悦。人们可以感受到他是多么需要这些细节和日常物件所带来的温暖，因为对远方的恐惧总让他感觉寒冷。过了好多天之后，他还跟我说起房间里的各处细节。

在一个风雨交加的秋日黄昏，我和朋友欧根·利本（Eugen Lieben）到城里散步，途中我们遇到了卡夫卡，他便加入了我们。欧根·利本受过系统的人文主义教育，同时对犹太教传统十分虔诚。我们让卡夫卡走在中间，继续着我们的谈话。当时我们聊的话题是，宗教究竟是被外界赋予的义务，还是内心需求的一种表现。卡夫卡两手拽紧身上的披风，一言不

发。但是他目光严肃，来回看着我俩，我们明显感觉到他在专
注地倾听。我们在他家门前告别时，他说："下次我们还要继
续这个话题。"从形而上的角度看，他和我们处于完全不同的
层面，然而他却努力从我们的层面来思考。后来我每次阅读卡
夫卡的作品时，常常会回忆起那个夜晚给我留下的印象。这是
怎样的一个人啊！他沉浸于自我，活在一个孤独的世界里，却
又一直在徒劳地努力，想要搭建起一座通往他人世界的桥梁。
从我们的角度看，要想建立起一个体系来理解他的神秘世界，
也都是徒劳的。没有任何一种模式能够帮助我们将其小说中的
故事转换成我们生活中所熟悉的场景。他笔下的人物，似乎都
对正常的生活充满了渴望。我清楚地记得一次与卡夫卡谈话的
内容，那是在我们经过查理大桥前往坎帕岛的散步路上。当
时，布拉格正在上演耶斯纳（Jessner）导演的莎士比亚剧作
《理查三世》，我们谈到当晚演出给我们留下的深刻印象。[96] 卡
夫卡提出了一个问题：为什么人们对《理查三世》这样一个关
于恶人的故事如此津津乐道，其兴趣远远超过了那些讲述好人
的作品？他的观点是，这是因为邪恶比善良更加原始、更富有
生命力，而一切有活力的东西，哪怕是恶的，都会让我们受到
吸引。

其实，我和卡夫卡谈话时很少谈到文学作品。他在读克
尔凯郭尔的《恐惧与颤栗》时说："每读完一行都会感到伤心，
因为离结尾又近了一步。"还有一次，他说："我在读本杰明·
富兰克林的传记。他父母的孩子可真多！想象一下，所有孩
子一起围坐在桌边，父亲坐在前边，那是怎样一幅画面啊！"
也许正是这幅画面，给了卡夫卡创作小说集《乡村医生》中
《十一个儿子》这一故事的灵感。在这个故事里，他让一位父
亲用冷冰冰的语气，按照顺序依次讲述自己的十一个儿子。按
理说，孩子之间的关系本应是亲密的，但因为各自独立的存

在，却让他们彼此间以及与父亲之间滋生出可怕的陌生感。

他对犹太教生活知之甚少。他曾向我谈起过逾越节晚餐，说那不过是一场规模较大的家庭聚餐。但是，犹太人的身份意识对他来说却是理所当然的。他开始认真地学习希伯来语。那是在第一次世界大战刚结束后不久，他问我是否愿意教他希伯来语。当时，他已经自学了拉特教材的头几课。我说自己虽然从年轻时起一直在研究古希伯来语，但缺少实际会话的练习。卡夫卡用恳求的微笑反驳了我的所有理由，笑容中充满无助和对所有缺陷的包容，我最后只得答应他。之后的好几个星期，我们都在约定的时间在他家见面，通常是在他家厨房后面的一个小屋里。他对单词册和书面练习十分重视，对书中不够系统的地方感到恼火。只有一次，他为没能完成单词作业表示道歉，他用希伯来语说："我病了，病得很重。"当时，疾病已经开始消耗和摧毁他的身体。不久后，他不得不去乡下休养，我们的学习也就此中断。

在上希伯来语课的那段时间，我对他的性格越来越了解。他有一种令人感动的质朴。在他的言谈举止中，没有丝毫文学或美学的刻意，一切都那么自然，带着一丝温柔的羞涩。只有在大步行走时，他高大的身影才会显露出一种坚毅。然而即便在这段时间，每次我从他身边离开时，仍然会感到他身上的那种神秘感。我只能用形象化的方式，去努力搞清楚这种神秘感。它似乎是由两个部分组成：其一是为摆脱自身的孤独命运所做出的徒劳努力，就好像一个被遗弃的人希望跨过一道深谷，走入众人所在的地界，却无法迈出关键的一步；其二（正是这一点让他成为一名叙述者）是沉浸于生活的细微之处，并努力从中汲取温暖所带来的愉悦。有一次，当我们从窗户望向环路广场时，他指着那些建筑物说："那是我当年上的文理中学，对面的楼是我上过的大学，左边是我的办公室。就是这么个小圈子"——他用手指画了个圆圈——"容纳了我的全部人生。"

当卡夫卡去世后，他的未婚妻[97]向我讲述一篇文章中被撕毁的有关动物的故事时，我又再次回想起卡夫卡的这些话和他说话时透出的一丝无奈的笑容。这个故事讲的是一条被抓住的蛇，不停地在笼子四壁爬来爬去，始终找不到逃生的路。

当《乡村医生》出版后，他对我说，他有很多话想要写在送给我的书里。我恳求他不要这样做，因为我感到有些伤心，我所能给予他的帮助不够多。"不，我要写！"他很坚持。我们争执了好一会儿，他开心地抓住自己的想法不放。他最终让步了，可正是他的让步，却让我感到更加伤心。第二天，他妹妹把书拿给我，里面有他亲笔写下的几句客气话。后来，当我再次去找卡夫卡，并向他表示感谢时，我对他说，能够把这本书献给父亲（不管两人之间曾经发生过什么！），他一定感觉很幸福（我的父亲几个月前刚刚过世）。卡夫卡神情严肃地答道："我把这本书献给父亲其实是一种讽刺！我昨天刚给父亲写了一封一百页的长信，我在信里还在跟他争吵。"

不久之后，卡夫卡离开了布拉格，他的健康状况似乎略有好转。但是，这不过是让人心存希望的短短几年。后来我们知道，他得了不治之症，被送到维也纳附近的一家医院。他的死并不很痛苦，不像他的病让人担心的那样。当我们在布拉格给他下葬时，他身材高大的父亲走在棺木的前面。

忆卡夫卡二三事

伊日·莫迪凯·兰格 [98]

尊敬的编辑先生，我很乐意接受您的建议，写下我对已故好友弗朗茨·卡夫卡的回忆。然而，一旦我拿起笔，准备开始写作，我便从喜悦转为悲伤，并随之陷入沉思，在记忆中很久不能自拔。虽然我曾与他密切相处多年，可我几乎找不到什么东西，能够满足您和您的读者心中的渴望，并为了解这位令人惊叹的人物提供一些新的信息。或许您会说，这莫非是遗忘带来的结果？不，不是这样，因为我几乎没有一天不想起他，想起他那非同寻常的人格魅力。可是，我却记不起任何具体的细节，或是不寻常的事情。这种感觉，我该如何形容呢？在这里，我姑且用巴尔·谢姆·托夫 [①] 弟子的故事来打个比方。这位弟子为了宣扬导师的伟大事迹，决定周游世界。但是，当他真正抵达远方的时候，却什么也说不出来。说到弗朗茨·卡夫卡，也是一样。这与他的天性和特质有关：他，卡夫卡，并不愿意向世人"暴露"自己；或者说，他既想又不想，而这二者在他的身上最终都得以实现，接下来的文字将会证明这一点。

卡夫卡是一个绝对独一无二的人物。身为作家，其独特之处在于，他竭尽所能想要隐藏自己的个性，努力在世人面前

---

① 巴尔·谢姆·托夫（Baal Schem Tov, 1698~1760），来自波兰的犹太神秘主义拉比和治疗师，被认为是哈西德犹太教的创始人。

把自己扮作一个普通人，芸芸众生中的一个。他正是用这种方式，仿佛故意要惹恼我们一般，没有留给我任何能够在书写这篇回忆录时可以抓住的东西。我仍然清楚地记得他那爽朗的笑声，他谨慎的动作，他讲话时的优雅腔调——稍带一提，我是从他那里学会"优雅腔调"这个词的——可是，这一切与书写这篇回忆录又有什么关系呢？我唯一确定的是，他对我的影响非同小可，我从他的身上所学良多，在很多方面，我都对他深怀感激。例如，我从他那里学到，人应当每天读一首诗。一首，而不是两首，正如他一再嘱咐我的那样：智者的话实在太悦耳，听得太多，人的头脑会不堪承受。当我的诗歌处女作发表在艾利泽·斯坦曼（Elieser Steinmann）的杂志《声音》（Kolot）上时，卡夫卡告诉我，这些诗与中国诗词有些相似。于是，我去买来了一本由佛朗兹·杜桑（Franz Toussaint）翻译的法文版中国诗词集。从那时起，这本美丽的书就一直放在我的案头。我说，卡夫卡读过我的诗，这就意味着他懂得希伯来语，在回忆卡夫卡的各种文章中，从没有人提到过这个细节。没错，卡夫卡会说希伯来语。在他在世的最后几年里，我们俩一直是说希伯来语。他一再声明自己不是犹太复国主义者，但是他在成年后却凭借勤奋学会了我们的语言。与布拉格的犹太复国主义者不同，他能说一口流利的希伯来语，这给他带来一种特别的满足感，我相信，我可以毫不夸张地讲，他暗中一定为此感到自豪。例如，有一次，我俩在电车上聊到飞机的事，因为当时恰好有飞机在布拉格上空盘旋，坐在我们旁边的捷克人听到我俩讲话后，觉得很好听，于是问我们，这是什么语言。当我们告诉他们，这是什么语言，我俩聊的是什么后，他们十分惊讶，我俩竟然能用希伯来语谈论飞机的事……那一刻，卡夫卡的神情是多么开心和自豪啊！因此，他总是为从我这里学到的每一个希伯来语词感到高兴，就像一个收获了丰厚战利品的人。我猜想，他一定也是为了自我愉悦而阅读希伯来语作品，不过，他不喜欢那些语言啰唆、为了卖弄而刻意使用许多生僻词的作家。有一次，他在谈到这点时跟我说：他们无非是想显摆自己把希伯来语词典背得很熟。他不是犹太复国主义者，但他深深地羡慕那些能够身体力行，实现犹太复国主义伟大理念的人，简单地说，就是移居到以色列。他不是犹太复国主义者，但是，发生在我们国家的每一件事都会触动他。他特别关心的一件事，是以色列青年的活动和教育问题。

有一次，他读到了一位以色列少年发表在报纸上的一封信，信中讲述了在以色列某处沙漠地区一次郊游的经历，其描写毫无精彩之处，除了疲劳、干渴和汗水之外，几乎没有任何其他内容。可是，卡夫卡对这些充斥着负面和厌恶情绪的描写，却偏偏情有独钟。

他可真是个奇怪的人。

有一次，他向我透露了一个愿望，就是要焚毁所有尚未公开发表的作品。我问他："如果真的是这样，那你为什么还要写作和发表呢？""我也说不清楚，"卡夫卡答道，"似乎有某种东西在逼迫我，无论如何，也要留下一份回忆……"事实上，他后来确实焚毁了自己的大量作品。可惜，真的太可惜，它们就这样化为乌有了。

卡夫卡那交织着苦涩和爽朗的独特幽默，在他身上一直保持到人生的最后时刻。当那一刻来临时，为他治疗的医生想要打开房门。为了不让病人担心他会独自离开，他站起身说："我不会离开这里。""但我会离开这里"，卡夫卡回答道。随后，他的灵魂悄然仙逝。

我想不妨利用这个机会，给大家讲一起灵异事件，尽管它与卡夫卡本人并无关系——而且我们毕竟都是受过启蒙教育的人，没有任何迷信的陋习——但是，我仍然想在这里讲讲这件事，目的只是借用这个例子，把我想说的事情讲得更明白。因为如果当真是他一手促成了这起事件，那么我们完全有理由说，这件事对他而言，比其他一百桩行为都更具代表性。这件事发生在卡夫卡去世很久之后，地点是在我们共同的朋友马克斯·布罗德的家中。布罗德主动担起了整理和出版卡夫卡为数不多的遗稿的责任。毋庸置疑的是，他对待这些手稿的态度是极其负责的，他尊重它们，像爱护自己的眼球一样爱惜它们。

一天傍晚，一位著名作家到他家中拜访，布罗德想向他展示一下卡夫卡的手稿。除了这位先生之外，他从不会把这些手稿轻易示人，因为每看一眼都有可能对它造成损害。当时，他正准备从文件夹中取出手稿，向客人展示，就在这一刻，整栋房子和周围的房屋突然灯光全熄，那是供电系统故障引起的一次意外。于是，这位尊贵的客人只能失望地回家，他甚至没能看到一个字。

正如我前面所说，我们不必赋予这起事件任何特殊意义，我只是把它当作一个例子，在此一提。总之，这便是我眼下能够忆起的有关卡夫卡的几件事。如果我再想起什么，我自然会毫不犹豫地立刻为您和您的读者记录下来。

顺致敬意

伊日·莫迪凯·兰格

5701 年 5 月 17 日（公历 1941 年 2 月 14 日）

与弗朗茨·卡夫卡共度的夜晚

欧根·蒙特 [99] 的回忆

我和戈特弗里德·科尔韦尔（Gottfried Kölwel）一起去听卡夫卡的朗诵会，地点是当时戈尔茨书店楼上路易波德咖啡馆的阅览室。[100]

在我听过朗读的众多作家中，他以安静、内敛、毫不造作、几乎称得上谦逊——或者说，一种非常自然——的做派，显得格外与众不同。这不仅反映在他的气质上，同时也体现在他的衣着等各个方面。而且，他的性情之温和也堪称极致。

他朗读的那段简单直白的故事——《判决》[101]，因其客观而令人毛骨悚然，其全新的笔调——在他那本广受好评的《司炉》中，人们已经领略过这种笔调——是如此戳中我们这个时代的新人类的心灵，以至于一些女士纷纷站起身，离开了会场。

随后，我们又与卡夫卡和他的女友 [102] ——一位朴素单纯、因为身材高大而显得有些鹤立鸡群的女子——在餐厅里见了面。当时在座的有：格哈德·奥克马－克诺普（Gerhard Ouckama-Knoop）的妻子、我的朋友科尔韦尔、诗人马克斯·普尔弗（Max Pulver）、我和卡夫卡，还有音乐学者莱曼。我无意中坐在了卡夫卡旁边，他对我说："我真不该读我那个肮脏的小故事。"

我试图向他证明相反的事实。我们谈到了里尔克，在谈话过程中，他更多时候是一位专注的聆听者。在他的身上，没有任何事物能够打破他的安静天性；他讲话时的温和语调，会让人情不自禁地被感染。在他的言语表达中，没有刻薄，没有造作，一切都是浑然天成。

能够遇上这样一位成熟的同伴是多么惬意之事，他从不假装，从不刻意，而只想安静地做自己。

在我想象中，莫扎特大概也是这个样子，也许更活泼一些，但也是如此坦诚和平易近人。

不过在这里，还是让我来给大家讲一件引人发笑的趣事。

瑞士作家和占星家马克斯·普尔弗走到我身后，说道："劳驾。"

我以为通道被堵住了，于是站起身给他让路。可他却随手拿走了我的椅子，一屁股坐在上面，把宽大的后背转向我。从这一刻起，他便将卡夫卡据为己有。

我的朋友科尔韦尔忍不住插了句嘴，替我叫屈。可普尔弗却像聋了一样，对此浑然不觉，而是全身心地陶醉在对卡夫卡的倾慕之中。卡夫卡巧妙地应对着这一尴尬局面，就像在走动时不经意地绕开某样物什一般，脸上还始终挂着一抹微笑。当然，普尔弗既没有把这些看在眼里，也没有放在心上，而是执拗地用其笨拙呆板的方式继续着讨论。他的妻子正如科尔韦尔所说，不过是他的影子。

就像普尔弗一样，有些人只是长着人类面目的自然力量，而卡夫卡则是与之相反的完美对立面。而且，这个对立面似乎一直都在努力，以期与前者达成某种共鸣。

今天，我怀着愉悦的心情回想起这件趣事。然而在当时，我可没有一点心思来即时享受它带给我的愉悦。

泰然自若，是人生必须学会的一种品质。

一个精神病医生，当他在暗中默默引导着亲爱的病人时，除了装傻之外，还能怎么做呢？

与卡夫卡一起散步

马克斯·普尔弗的回忆 [103]

那是 1917 年冬天。我们在慕尼黑经历着饥荒。可是我们的报纸却吹嘘，我们仿佛生活在天堂，并声称通过大力倡导的节俭生活方式，糖尿病和其他营养过剩所导致的疾病都已被消灭。当我们被寒冷和失去众多战友和年轻生命的沮丧情绪包围时，只能靠精神生活来取暖，并借此保持活力。那些在战争中幸存的年轻艺术家和年轻作家，与业余艺术爱好者聚在一起，在戈尔茨画廊举办的晚间朗读会上纷纷亮相。

在这里，我第一次见到了弗朗茨·卡夫卡。此前对我来说，卡夫卡是一个伟大且遥不可及的名字。据说他写过许多重要作品，但只出版了三篇短篇小说：《司炉》《变形记》和《判决》。我听说，这些只是他尚未发表的长篇小说的个别章节，或者说是片段。他的一本薄薄的散文集《观察》获得了弗朗茨·布莱（Franz Blei）那一年颁发的克莱斯特奖，[104] 但是，这本鲜有问津的书也只是一个摆设，点缀着那些高雅书店的橱窗。

这些出自卡夫卡笔下的单薄的散文书页，其凌厉的风格让读者的神经受到了刺激。他描绘的生活所呈现出的赤裸裸的苦难，让人不禁感到困惑。这个对人性的卑鄙如此熟悉的人究竟是谁？

这个用令人震惊、不带任何偏见的态度直面心灵苦痛的人，到底是谁？这种笔调在德语中是陌生的，迄今只有果戈里、陀思妥耶夫斯基等俄国作家才能把握这种笔调：用既无怜悯也非鄙视的方式描绘贫瘠的人性，用不带伤感的语气观察和陈述受压迫者的愚昧，像残忍的人一样残忍；将人类平庸存在的虚无，视为作家的伟大职责；不是为了安慰，也不是为了美化，而是把这灰暗的虚无作为精神素材，然后将这灰色、纤维状的材料细密地编织成小说。

眼下，这个奇特的人突破了战争和边界以及日常职业的束缚，从布拉格来到了慕尼黑。法官来了，我赶去见他，就像去法庭接受审判。我发现，这间位于画廊二楼的大厅光线很差，也没有暖气。墙上挂着慕尼黑新分离派朋友们的油画，五彩斑斓、带有律动感的色块和线条，或是表现主义风格的生硬拼贴。卡夫卡坐在讲台边的一个凳子上，如影子一般，深色的头发，苍白的皮肤，那副神情就像不知如何摆脱出场所带来的尴尬。他就这样斜倚着讲台，朗读了一篇未发表的散文作品：《在流放地》。

他说话的样子，我已不记得。他刚刚念出头几个字，一缕淡淡的血腥味似乎便开始弥漫，一股怪异的淡淡的苍白的味道在我的嘴唇上沉淀。他的声音里仿佛带着歉意，可是他所描绘的图像却锋利地刺入我的身体，就像令人痛不欲生的冰针。施刑者和刽子手兴高采烈地讲出的那些字句，描绘的不仅仅是一种刑罚工具和一种酷刑；就连听众也被卷入了这地狱般的痛苦中，他们也如祭品一般躺在晃动的刑床上，每一个新的字句都像一根新的针刺，将缓慢的处决刻入他们的后背。

一声沉闷的坠落声，大厅里一片混乱，一位晕倒的女士被人抬了出去。叙述继续展开。他的话又让两个人晕倒。听众的队伍开始变得稀疏。有些人在被作家的想象力击垮前的最后一刻，慌忙逃离了现场。我从来没有见过一个人口中说出的话语，会有如此这般的魔力。我一直坚持到最后，有一些瞬间，我的心脏止不住地狂跳，但我留了下来，听着刽子手如何自愿接受自己精心设计的酷刑，听着杀人机器如何碾过被刺烂的尸体，并最终散了架。诗意的正义得到了声张。刽子手死了。

144

　　但是，死于其手的上百名受害者却不能复活。也许对刽子手、一位殖民官员来说，对受刑者的施虐只是一种升级版的自我折磨方式。有一句话让我念念不忘："我们大家多么痴心于受刑人脸上那幸福的表情。"刽子手搂着孩子，让他们经历这一切。或许是这种变态的虔诚在他人身上实施的酷刑，给这个故事的主角和叙述者带来了这样的"灵感"，但是其真正恐怖之处是在更深层，一种直戳人心的东西：尽管这处流放地看上去是如此荒谬和令人厌恶，但它却是我们时代的一个预兆，是对未来的一种预见。在这里，作家再次化身为先知，虽然他所预见的恐怖也让他本人陷入了崩溃。他通过观察做出审判，通过预见来进行预审，然而却没有能力去扭转命运。

　　朗诵会结束后，有几位听众留下来，和他继续交谈。我也在其中，但是比较沉默的一个。

　　不过，我和卡夫卡约定第二天下午一起散步，因为他很快就要返回布拉格。在十一月的一个雾蒙蒙的日子里，我们穿过结着薄冰、满是秸秆的田野，世界似乎已然凋敝，毫无希望。卡夫卡不停地喘着粗气。对他而言，肺病变成了反抗这个世界的武器，[105] 尤其是他的父亲。他可以利用生病，对他实施惩罚。他不想变得健康，因为那样的话，他就只能向他的父亲认输。他想要做一个病人，以保险局职员的身份勉强糊口，在病痛中过着忍辱负重的生活。所有这一切都是我透过他的话语了解到的。当他凝视父亲的形象时，神情是多么紧张和焦虑。

　　当年，许多同龄人都被这种超价观念所折磨。"弑父"这个关键词弥漫在整个空气中，在舞台上和诗歌中被苦苦地诘问和探讨。在这个词中，掺杂着这样的指责：是一个个父亲把他们的儿子亲手送上了绝路，因为这是许多年轻人对 1914 至 1918 年这场大屠杀的感性解读。

145 　　卡夫卡没有办法去过自己的日子和打造自己的人生，在他眼里，人生似乎只有与父母的生活扯上关系才有意义。而父母的生活便是父亲的暴政。我俩一再被卡夫卡的喘息所打断的对话，就这样在一堆人名和问题之间飘来荡去。对父亲的仇恨于我而言是陌生的，虽然卡夫卡并没有直接说出这个词。我是一位寡妇的小儿子，早在上学之前，便经受了人生最大的失落。痛失深爱的父亲，让我从此陷入了巨大的孤独和心灵的困境之中。

　　因此，这种对父亲的仇恨在我看来是一种疾病，甚至近乎亵渎。但是，卡夫卡听不进去我的反驳，他被自己的世界观所迷惑，并由此将父权认定为邪恶之源——那个时代本身便是邪恶的。他在愤懑中庆幸自己发现了这个罪魁祸首，但同时却又以不可思议的方式将正义赋予了这个罪人。

　　儿子在自己身上执行了对父亲的诅咒：他在《审判》中跳进了伏尔塔瓦河；在《变形记》中，他在家人旁边的房间里凄惨地饿死；或是作为"饥饿艺术家"，被遗忘在铁笼里。

　　父亲的权威宣判得到了执行。儿子，一个外表上的叛逆者，内心却屈服于父权和家长制的统治。儿子以违背自身意志的方式把正义判给了父亲，并在自己身上执行了判决。

　　一种强烈的爱在这愚蠢的仇恨背后敲响：儿子如此憎恨父亲，是因为之前他曾经无止境地爱过他。人的内心深处有一个原始的深渊，爱与恨在这深渊中相互交织，难分彼此。所有这些念头，都是在我俩散步的途中在我脑海中逐渐萌生的。我们就这样一路穿过大雾弥漫的街巷，在他的旅店门前停步。

　　孩子在父亲和母亲之间的地位，即现代心理学所谓的俄狄浦斯情结，在卡夫卡的身上被具象化。这样的处境是他的命。

这不是对每个人而言都不可改变的一种命运，而是这个多愁善感的神经质之人的命运：他对自我的憎恨永远不允许他承认自己是正确的一方，或者哪怕只是宽容地接纳和忍受自己。他的目光总是病态地聚焦于那些让成长中的人感到绝望的关系。这种极度窘迫的感觉是其存在的基本条件。他的性格过于敏感，以至到了病态的地步，而他恰好想要做个病人。对他来说，生病作为唯一的出路，是他的生活方式，这种不堪忍耐的感受是其生存的前提条件。1917 年之后的几十年让我们看到，这种痛苦和态度是多么深入人心。卡夫卡提前经历了我们在集中营时代才被唤起的普遍意识。

顺带一提，我从此再未见过他。偶尔会传来关于他的消息，说他富有的父亲想让他放弃寒酸的公务员生活，由他，也就是父亲出资，搬到埃及去，好让他受损的肺部在干燥的沙漠空气中得到治愈。卡夫卡拒绝了这个提议，就像拒绝朋友们的帮助一样。1924 年，我在火车上，在从维也纳到林茨的旅途中，从几天前的旧报纸上读到了他过世的消息。一位我不认识的捷克女学生坐在我对面，看到这个消息后，和我就这一话题聊了起来。她跟我讲述了不少细节，关于这些细节的真实性，我自然无从考证。

在那之后，是卡夫卡的葬礼。据称，这场葬礼就像他的人生，尤其是他的小说一样，颇具韦德金德式 ① 的巴洛克之风。在他的小说中，经常会出现一些类似木偶戏中的形象，例如《变形记》中三个蓄着大胡子的绅士或者说是房客，这三个人的样子就像来自芭蕾舞剧。除此之外，与对场景和人物的细腻

---

① 弗兰克·韦德金德（Frank Wedekind, 1864~1918），德国著名作家和剧作家，擅长从人类生活的阴暗面选取题材，其自成一派的风格给德国戏剧的革新和发展带来深刻影响，开了德国表现主义戏剧的先河。

描写相对应的，往往是一种带有游戏色彩的元素，它使得整个作品的恐怖、沉重和压抑，在某些瞬间似乎变得明亮了起来。

据说在他的坟墓前，也上演了类似的一幕。两个女子为了争夺以未婚妻身份为他哭坟的资格，而打得不可开交。不过，这八成又是谣言。

关于这个奇特的人物，早在其在世时，谣言就已变成了神话。菲墨，①这位伟大而神秘的女神，这个在所有历史中真正具有创造力的力量，将卡夫卡这个受虐的"施虐者"变成了一个虚无缥缈的形象，一个预言了即将到来的衰落和过渡的影子般的先知。

卡夫卡将在我们这个时代的黑暗中继续活下去，他是一道罕见的苍白光亮，虽然未必能给人带来慰藉，但永远也不会熄灭。

147

---

① 在希腊神话中，菲墨（Fama）是盖亚或厄尔庇斯（希望之神）的女儿，是名誉和名声的化身。据说，她在刺探到凡人和神的事情后，就会复述她听到的内容。一开始只是小声的低语，每复述一遍，声音就会越大，直到每个人都知道。在艺术作品中，她通常长着翅膀，手持小号。

卡夫卡与艺术

弗里德里希·费格尔 [106] 的回忆

那是在 1894 年。卡夫卡和我都上同一所学校，老城的德语文理中学。他当时大约十岁，是个瘦高清秀的男孩，有一双很大的黑眼睛、细长的脑袋和尖尖的耳朵，这使得他的外貌看上去有些发育退化。我之所以对他印象深刻，是因为他在放学后总是由母亲接走，这让我们其他孩子觉得很奇怪。[107]

后来，他离开了我的视线，直到 1907 年，我才再次听到他的消息。在布拉格被称为"八人团"的现代画家圈子里，马克斯·布罗德在一次讨论会上说："我可以告诉你们一个伟大的艺术家的名字：弗朗茨·卡夫卡。"接着，他给我们展示了几张卡夫卡的素描，这些画带有表现主义风格，让人联想到早期的保罗·克利或库宾。但是，卡夫卡并没有在绘画上进一步培养自己的天赋。后来有一次，表演艺术家路德维希·哈特（Ludwig Hardt）对我说："您知道吗，弗朗茨·卡夫卡是布拉格最重要的作家。"（当时，里尔克已经离开了布拉格，韦尔弗也已经在维也纳定居。）不久后，我和卡夫卡便成了朋友。卡夫卡是一个作家群体中的一员，这群人经常聚在一起，彼此朗读各自的作品。我还记得有一次，卡夫卡在这个小圈子里朗读他的小说《骑桶者》的初稿。这个故事的背景是一战后实行煤炭配给制的时期。一个人骑在一只煤桶上，飞到了煤店老板家。这篇小说让人联想到 E.T.A. 霍夫曼，只是风格不那么神秘，而更多的是带给人一种幽默怪诞的印象。卡夫卡在朗诵时

朗读中的卡夫卡，弗里德里希·费格尔绘

对那些微妙细节表现出充分的自信，他的嗓音就像是一个没变声的男孩。这种少年气质是他身上的典型特征之一，并且陪伴了他整个一生。

在柏林，他介绍我认识了他的未婚妻。[108] 他的身边一直有一个"永远"的未婚妻，他总是说，她太好了，好得让他配不上。在这个现象的背后隐藏着一个事实，这便是他在性发育方面的异常。我感觉，卡夫卡害怕所有身体上的接触。他憎恶现实，并用显微镜般精细的分析术，对这个世界的各种因果关系进行报复。在他的显微镜下，日常生活中的因果关系变成了戏剧。维度在这里失去了意义，因为在放大镜下，一切都和肉眼观察到的样子截然不同。他把短篇小说中的情节，变成了一部长篇。他的语句漂亮又工整，因为它们都是按照一个充满远见的计划写就的，只有这样，才能满足他表达复杂缜密思想的需要。无论是在语言运用还是在心理分析方面，卡夫卡都一样富有创造性。可以说，他所采用的是一种精神分析式的工作方法。今天，这种方法经常被一些没有能力形象地看待事物，因而借归谬法为手段的人所利用。因为归根结底，一切都取决于你在显微镜下看到了什么。

卡夫卡的人生仿佛取材于他的小说。这个孤独的、带有明显浪漫主义倾向的人——我记得，他曾在布拉格炼金术士巷的一间小屋里住过一段时间——不得不为了一份微薄的收入在一家保险公司工作，每五年才能被提拔到一个略高的职位。他有一个暴君式的父亲，后者强迫他去过一种无聊单调的生活，他们两人之间没有丝毫的共同之处。每次我和他见面时——我们通常是一起做远距离的散步——他总是迫不及待地想要从我这里了解一些和其他艺术形式相关的事情。有一次，我俩试图对不同艺术形式的要素做出分析，那是在他去世前大约五年的时候。我俩最后得出结论，绘画的核心要素是空间，音乐的核心要素是时间，而诗歌的核心要素则是因果关系，恰好与人类感知的基本要素相对应：对空间、时间和因果关系的感知。那时我第一次意识到，卡夫卡的写作方式呈现了一种全新的因果性，一种全新的因果关联。不过在后来，他再也没有提到过这个话题。

另一次，我和马克斯·布罗德——卡夫卡的密友和传令官——一起聊到了他。我很想知道，一个人在这种因果关系的转变方面究竟能走多远。我把卡夫卡归入浪漫主义者的行列，但布罗德觉得这种看法太过狭隘，并对此提出异议，虽然在我看来，我所提出的观点根本算不上是一种价值判断。

将某样东西简化成显微镜下的微观事物，或是超出实际的庞然大物，这是一种典型的欧洲大陆现象，基本上属于"巴洛克风"。布拉格这个奇幻的城市，一直以来都呈现出一副巴洛克式、近乎荒诞的形象。对于布拉格居民来说，所有奇幻事物总是具有强烈的吸引力。于是乎，买不到煤的事实变成了一种悲剧性的经历，而"骑桶"飞上天空的意念则通过富有画面感的形式变得直观生动。

如今在我看来，我当时对卡夫卡是理解的，但是他非常内向，不让任何人真正接近自己。当我今天努力回忆他的形象、举止和所做的事情时，我对他的理解就会更加充分。当时我就感觉到，写作对他来说是一种解脱和自我实现，他不需要其他东西来证明自己。婚姻或是作家与读者之间的关系，都是现实之物；而他却是要创造自己的世界，并以此来抵御现实。与此同理，为了报复现实世界中明显的冷漠和不公，他所采取的手段是漫画式的嘲讽。

在柏林，我再次遇到了卡夫卡。我们经常会聊到同样的话题。当时，他买了一幅我的画作，一幅以布拉格为主题的习作，画面上略显诡异的气氛会让人联想起爱德华·蒙克。有一天，当我从崇尚理性的德国回到布拉格时，突然感觉这个城市颇有些诡异。而卡夫卡偏偏选择了这幅画，也的确很符合他的个性。他对布拉格的感情可谓典型的爱恨交织。他把这幅画送给了他的未婚妻。

与卡夫卡一起上希伯来语课

玛丽亚姆·辛格 [109] 的回忆

一天，我远远地看到他和马克斯·布罗德一起走在路上。他们是一对奇怪的搭档。马克斯·布罗德个头矮小，身材有些佝偻，而他的同伴——我当时并不知道他是卡夫卡——却长得瘦瘦高高，身体灵活，模样看上去比马克斯·布罗德年轻许多。"马克斯·布罗德旁边那个，肯定是他的某个门徒或崇拜者"，我心想。我知道，马克斯·布罗德人缘很好，总是对年轻诗人或作家非常关心。几天后，我又一次看到了他们。他们走在街对面，所以我没能和他们正面相遇。不知道是巧合还是下意识之举，从这天开始，我总是走在马路的另一边，因为我觉着，有趣的人都是走在街对面。果不其然，有一天，我再次遇到了他们，大师和我以为的弟子。这一次，马克斯·布罗德叫住了我，然后介绍我们认识。除了马克斯·布罗德之外，当时很少有人知道，我略带羞怯地伸出手与之相握的这个人，到底是谁。因为直到卡夫卡去世后，马克斯·布罗德才让世人认识了他。我们并肩走了一小段路，然后彼此告别。卡夫卡那对深灰色的眼睛和深邃的目光，给我留下了深刻的印象。

不久后，我们在一堂共同的希伯来语课上再次相遇。如今许多年过去，我已经记不清这件事的来龙去脉，但我记得，我和卡夫卡以及费利克斯·韦尔奇决定退出希伯来语培训班，改到马克斯·布罗德的亲戚伊日·兰格那里上"私教课"。伊日·兰格是一位年轻人，然而他浓密的胡须和鬓角的卷发让他显得很老成。

卡夫卡有一个小本子，他把每一个学到的希伯来语单词都记在上面。为了让学习更轻松，他总是喜欢去联想，这些联想往往都很幽默风趣。我记得有一次，当我们学到"agalah"（马车）这个单词时，他伸出修长的手指，指着自己的脑门说："这很清楚嘛，啊 – 驾，马车。"

153

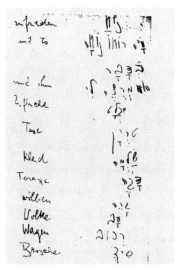

卡夫卡记在笔记本上的希伯来语单词

那时候，卡夫卡说过一个十分精辟的观点："布拉格犹太复国主义者总是从九月份的第一堂摩西·拉特① 希伯来语课开始用功，一直到六月份。在假期里，他们把学到的东西忘得一干二净，然后到九月份，再重新开始上第一堂摩西·拉特课。"

关于这件事，他说得一点儿没错。

---

① 摩西·拉特（Moses Rath，1887~1967），希伯来语学者，其编写的希伯来语基础教材当时流行一时。

我们的希伯来语课都是在下午进行的。有一天，天气格外晴朗——当时是早春——他对我说："今天天气这么好，您想让我陪您一起走回家吗？"

正如我前面所说，我当时并不知道，除了高大的身材之外，他的灵魂和才华也是如此伟大，所以我并没有感到紧张，而是愉快地接受了他的提议。我们沿着伏尔塔瓦河畔一路漫步，眺望着布拉格城堡区美丽的侧影。在和煦的春风中，我的同伴问起我的家庭、我的职业，还想知道许多关于我母亲的事情。我们一路走了很远，因为我俩都住在郊区。

154

当我们走到那幢灰色的房子，一栋简陋的出租公寓时，卡夫卡说："我和您一起上去吧。"我母亲打开门，对这位意外到访的客人感到很惊讶。我们站在门厅里。门厅里有一只很大的煤箱，上面放着一块临时的木板和一块深色的编织毯。卡夫卡便坐在了这个箱子上。我母亲冲我使了个眼色，因为木板不够结实，随时有可能断裂。她极力想请客人进到房间里。卡夫卡舒服地坐在不牢靠的箱子上，微笑着和我的母亲亲热地说着话，但却不肯到房间里去。

然后，他忽然站起身，和我俩握手告别，和蔼地说了句："我只是想认识一下您的母亲，现在我已经达到目的了。"随后他慢慢地走下了台阶。

我们共同的希伯来语课结束了。我去了巴勒斯坦，而卡夫卡——我后来才听说——则去了柏林。

时光流逝。在约旦，河水源源不断流向死海；在布拉格，伏尔塔瓦河与易北河汇入一道。两年过去了，这次我是去探望我的母亲，此时我已不再是孤身一人。在此期间，卡夫卡已经出版了几本小书，他的名字也跨过地中海，传到了我们这里，虽然知道的人依然有限。他的《变形记》在当时让很多人感觉耳目一新，但是，所谓"卡夫卡式"风格还在未来的怀抱中酝酿。他的作品还堆在他书桌的某个抽屉里，不过大家已经知道，他在写书。

自从与马克斯·布罗德建立良好关系之后——是他把我介绍给文学界以及出版商 R. 勒维特（R. Löwit）的——我自然要借机去拜访他。我跟他提到了我的男友，于是他邀请我俩一同出席一场午后聚会。我欣然接受了邀请。

卡夫卡也出现了。他和以往一样，很乐意结识那些来自其向往之地的人。当时，他虽已病魔缠身——直到两年后他去世时，我才知道这件事——可他看起来却像过去一样年轻，没有人能在他的额头上看到凶兆，可就在短短两年后，卡夫卡便离开了人世。

在马克斯·布罗德家的这次聚会非常愉快。卡夫卡对基布兹社区中的生活、希伯来语的复苏以及当地人的日常生活充满了兴趣。马克斯·布罗德用钢琴演奏了自己创作的乐曲。时间转眼间过去。当大家相互告别时，我走到卡夫卡身旁，请他送本书给我。我想，他对我的请求大概早有预料，抑或是他原本就打算在临走时送给我一本书。他拿起一本放在马克斯·布罗德家梳妆台上的书，用他那深灰色的眼睛意味深长地看着我，然后把《乡村医生》递到我手上，缓缓地说道："伊尔玛，您是个健康人，您肯定看不懂它。"屋里的祥和气氛刹那间散去，我感觉自己仿佛被一根黑暗的手指重重地按了一下额头。当他给我在书上题字时，我听到死神的翅膀倏然掠过房间上空。书上写着：

> 送给伊尔玛·S.
>
> 把它带去达加尼亚。
>
> K.

卡夫卡在什莱森

朵拉·格里特[110]的回忆

在丘陵和树林之间有一处冰雪覆盖的偏僻村落，卡夫卡因为病情波动，住进了这里的一家小旅馆，在阳台上静卧疗养。

他经常和一位性格活泼、看不出年纪的姑娘聊天。她总是给他讲些泛泛的有趣的事情，可对自己的事却闭口不提。一天早上，当她走到他的躺椅旁时，他开心地和她打招呼，然后说道："我梦见您了！您穿着一件宽松的棕色绸袍，下摆绣着红心图案，在一条宽敞的大路上蹦蹦跳跳地走着，然后，有一位瘦高的红发男子愉快地向您迎面走来。您张开双臂，轻松地高喊：'终于！'请您告诉我，您在生活中经历过这样的事情吗？"她安静地微笑着说："是的，有很多人追求过我，但只有一个人让我感觉投缘。从我爱上他到订婚，中间经过了整整九年。在这期间，这个男人结了婚，又离了婚，生了两个孩子，然后又回到我——他的初恋——身边。这就是您的梦境和我的命运之间富有诗意的共同点。不过您没有梦见但却预感到的是：这个男人很快就抛弃了我，三个月后，就给我写了分手信！"

后来有一次，她说她觉得狄更斯的书很无聊，于是，他给她朗读了《大卫·科波菲尔》中大卫初次订婚的几页有趣的段落。他读得很棒，她听得乐不可支，从此彻底改变了对狄更斯的印象。

然后，他递给她一叠修改过的手稿，请她拜读和指正，他说，这是一个朋友寄给他的。于是，她读了他的《乡村医生》，关于医生行业的种种恐怖遭遇。她在把小书还给他时提到，她的一位表弟是和故事中的农妇患同一种病去世的，那是一种非常罕见的脏器感染疾病。卡夫卡叫道："这太有意思了！我从来没听说过这种病，这完全是我凭想象编造出来的。我很惊讶竟然真会有这种病，不过能猜中这件事，让我很欣慰。"

什莱森的斯杜德别墅

　　整个白天，他总是裹着好几条毯子躺在躺椅上，沐浴着冬日清新的空气，头上戴着一顶帽子，帽檐拉得很低，遮住了后脖颈。"哦，您今天戴的这顶飞行员帽可真漂亮"，有人冲他喊道。"这更像是躺椅帽，而不是飞行员帽"，他微笑着说，一双深蓝色眼睛疲惫地观察着周围。

　　在这样的环境里，一个背负着沉重的心灵创伤、生活空洞乏味的年轻女孩，和周遭气氛显得格外相衬，并由此唤起了他的同情。他警告她，劝诫她，教导她，让她为了未来去努力工作，通过行动和付出让生活变好。

他离开后，她和他还保持了长时间的通信，后来成为一名自食其力的农场主。[111]

他还曾经替一个因为爱忘事而经常挨骂的孩子进行辩解："说不定他的小脑袋瓜里装着好多有趣的东西，当他觉得无聊或没事干的时候，他就开始琢磨那些。成年人得为成年人说话！"

卡夫卡总能在任何事物上发现闪光的一面。就像一个人站在阳光照耀的大海边，望着波光粼粼的海面，当你被光晃花了眼时，必须闭上眼睛，去寻找一些更柔和的光。

"您为什么不放过那只可怜的苍蝇？"

赫尔米娜·贝克的回忆
彼得·恩格尔[112]记录

　　赫尔米娜·贝克，娘家姓波梅兰兹，1899 年出生在维也纳的一个富裕犹太人家庭，从九岁起在布拉格生活。她享受着当时上流社会的所有优越待遇：她的父亲是布拉格最早的私家车主之一，她本人受过良好的学校教育。十九岁那年，她生了病，在 1919 年春天被送去疗养。疗养院位于布拉格北部的什莱森，四周森林茂密。不过，贝克女士记不起那家疗养院具体叫什么名字。根据有关卡夫卡的二手文献记载，这位作家当时住在斯杜德旅馆，他是 1918 年 11 月底因为发烧、呼吸急促和盗汗导致无法工作，来到这里疗养的。

　　贝克女士在谈到她这段疗养生活时说道："那是在春天，只有两位客人，我和一个自称弗朗茨·卡夫卡的先生。我们在各自的房间里用餐，然后在同一个阳台的躺椅上，盖着毯子晒太阳。我们躺的地方，是一个有顶棚的露台。我当时是肺结核初期，但症状很轻微，后来也没有给我的生活带来太大的妨碍和影响。"

　　说起她与卡夫卡之间的谈话，这位女病友称，两人聊的都是一般性话题。她说："那时候，我是个非常害羞的女孩，根本不敢主动挑起话头。"当被问及两人在旅馆有顶棚的阳台上连续几个小时共处的时间里，卡夫卡是否谈到与疾病有关的话题时，贝克女士肯定地说："没有，绝对没有，我记得很清楚，他从来没有说起过生病的事。"这位年轻姑娘此前从未听说过这位作家的名字,在斯杜德旅馆疗养期间,也没有和卡夫卡谈起过文学。"当时我只对古典文学和俄国文学,例如托尔斯泰和陀思妥耶夫斯基等人感兴趣。另外,我很喜欢读费利克斯·达恩的书,所以当有人跟我说他是一个三流作家时,我感到非常惭愧。"

但是,当时有另外一件事,让这位年轻女孩和卡夫卡在阳台静卧休养的时间里多了一重联系:"我经常会在他学习完,也就是背完希伯来语单词之后,对他进行测试。我总喜欢学点儿什么,比如我也学过希伯来字母,我也说不清为什么;我不能翻译,可我看得懂。卡夫卡是根据一本教材学的,他背单词,我来考他。我俩配合得相当默契。"

作家本人也曾提起过这段时间他在希伯来语上的进步。我们由此得知,他使用的是当时流行的摩西·拉特教材,而且学得非常系统。他努力学习这门语言的动机,与其移民巴勒斯坦的计划以及对犹太复国主义日益深厚的兴趣有着密切关系。但在这位年轻姑娘面前,他并未透露过自己这方面的计划和打算。"不,他从来没有说过这些,况且我当时又蠢又笨,根本不会提出这类问题。"

和卡夫卡在一起的这段时间,有一件事让贝克女士记忆犹新:"有一次,他对我发了脾气。当时,有一只苍蝇老围着我转,我挥手驱赶它。他很生气地责备我说:'您为什么不能放过那只可怜的苍蝇?它哪里惹您了?'我听后感到非常惊讶。"此外,贝克女士还记得,她和卡夫卡一起在森林里散过步,但对两人当时的对话却印象不深。

这位年轻女孩对年龄几乎是其两倍的卡夫卡的好感,显然不只是印象深刻那样简单。下面的一番话,便清楚地反映出这一点:"大约十四天后,一个我在布拉格认识的女孩来到疗养院,这段美好的二人时光就此结束,这让我感到非常伤心,因为卡夫卡的气质给我留下了很深的印象。大约又过了两周，我就回家了。"回到布拉格，赫尔米娜·波梅兰兹买下了市面上可以买到的所有卡夫卡作品，但是，与对作者这个人的印象不同的是，她对这些书并没有太大的感觉。

尽管如此，她却无法忘记卡夫卡，就像她所说的那样："多年后，我在《布拉格日报》上看到他去世的消息，然后去参加了他的葬礼。悼念队伍并不是很庞大。不过，有一个女孩哭得特别伤心，有两位先生不得不搀扶着她，不然她随时都有可能晕倒。"根据我们的了解，这个痛不欲生的年轻女子多半是朵拉·迪亚曼特，她在作家生命中的最后几天里一直在悉心照料着他。1924 年 6 月 11 日下午四时左右，在布拉格斯特拉什尼采区犹太墓地举行的葬礼上，这位卡夫卡生前的最后一个情人一直由马克斯·布罗德搀扶着。后者是作家的忠实朋友，他为卡夫卡死后享誉世界尽了最大的努力。

与卡夫卡的对话

古斯塔夫·雅诺施[113]的回忆

卡夫卡的浓眉下是一双大大的灰色眼睛，棕色的脸庞充满了活力。卡夫卡的脸是一张会说话的脸。

如果能用脸部肌肉的运动来代替词汇，他一定会这样做。淡淡的笑容，紧蹙的眉头，额头的细纹，微微前突或翘起的嘴唇——都可以替代语言。

弗朗茨·卡夫卡喜欢打手势，所以他对此总是很注意。他的手势绝不是对话时对某个词语的重复式强调，而是一种自成体系的动作语言，一种交流手段，也就是说，它并不是一种被动的反应，而是有目的的情感表达。

两手合拢，或将手掌伸直，平摊在桌面上；身体在椅子上坐直而又舒服自在地微微后仰，或随着肩膀的耸起将头部向前探出，手掌按在胸口——这些只是他谨慎使用的表达手段的一小部分，与此同时，他的脸上总是挂着一丝抱歉的微笑，仿佛是告诉对方：“是的，我承认，我是在做游戏，但我希望你们喜欢我的游戏。而且，我之所以这样做，只是为了能够迅速赢得你们的理解。”

我父亲和弗朗茨·卡夫卡博士都在老牌的劳工事故保险局任职。我父亲是行政部门的职员，在大楼的五层上班，弗朗茨·卡夫卡博士作为律师，办公室的位置在靠下两层。每次我去找父亲时，总是先去看望一下卡夫卡博士。这并不是由旋转楼梯以及两个办公室的位置决定的。我的脚步是受内心的引导，拐到了三楼。我必须去看看弗朗茨·卡夫卡，听听他说话，和他聊聊天，然后才能以更好的状态，去楼上找我父亲。

今天，我终于知道了其中的缘由：只有通过与作家弗朗茨·卡夫卡的接触，借助其深刻的心灵共鸣与慈悲心，我方能与父亲、这个世界和这个时代达成某种谅解，并与周遭事物以及内心自我建立起某种形式的和解与秩序。当时，经过事故保险局的楼梯和卡夫卡办公室的这条路，于我而言乃是生存之必需。换言之：正是通过与创作了《变形记》和《司炉》这两部令人震撼作品的作家的交流，我才得以从内心的巨大困境中挣脱出来。

在那个时候，我平时画些花花绿绿的明信片，为卡林区一家纸品行制作木刻和麻胶版画，用赚来的钱买书，每天弹几个小时钢琴，同时还夜以继日地创作诗歌、童话、杂文、随笔和戏剧，然后，我把它们放在一个破旧的箱子里，等过几年之后，再把它们当作不值钱的废纸一把火烧掉。但是，在我写下它们的时候，它们对我来说十分重要。

"如果家里的情况不是这样的话，我大概根本不会写作"，有一次，我对卡夫卡博士说道。"我是想逃避不安，不想听到身边和内心深处的那些声音，所以我才写作。就像有的人喜欢用电锯制作各种愚蠢的玩意儿，来填补每天晚上待在家中的空虚和无聊，我把词语、句子和段落黏合在一起，好让自己有理由独处，远离令我困扰的环境。"

"这样做是对的"，卡夫卡博士接着我的话茬说道，"很多人都这么干。福楼拜曾在一封信中写过，他的小说是他依靠的一块岩石，只有抓住它，他才不会被周围的波涛吞没。"

"我虽然也叫古斯塔夫，可我不是福楼拜"，我笑着说。

卡夫卡博士将一双修长、骨节突出的手掌交叉合拢，撑在桌面上，视线看向其他地方，说道："净化心灵的技巧并不是个别人的专利。为了不让福楼拜的名字让您感到不适，我告诉您，在某些时候，我也做过像您现在一样的事情。只是我的情况更复杂。我用涂鸦来挣脱自我，为的是能够在终点抓住自己。我无法逃避自我……"

"也许没有人能做到这一点"，我略微停顿了一下，说道，"也许这是人类的孤独决定的。"

"因为孤独？"弗朗茨·卡夫卡用灰色的闪着光的大眼睛望着我，"年轻人，您怎么会有这种想法呢？"

我把手伸进胸口的衣兜，掏出装饰着字母图案的笔记本，翻开一页，大声念道："人类是孤独的，沉默包围着他们，这便是世界。"

卡夫卡把头转向左边，看向窗外。我合上笔记本，把它塞回胸口的衣兜。

"这是陀思妥耶夫斯基的话"，我说，"我把它抄了下来，这句话是对我们生活处境的精准描述。"

"我不喜欢他"，弗朗茨·卡夫卡轻声说道，目光没有离开窗户，"至少并不是一切，也不是所有时候都是这样。"

"他这句话说的是真理"，我固执地坚持自己的观点，"人类是孤独的，沉默包围着他们，这便是世界……关于我们生活的处境，再没有比这更好的表达了。"

"嗯，可能是这样"，卡夫卡不再看向窗外。他挺直了上半身，靠在椅子上，手臂垂在两侧。"是的，有可能是这样"，他轻声重复了一句，然后突然用疲惫的灰色眼睛盯着我的脸，"这是所有事物的处境和背景……可是，这难道就是真理？真理不是一种情境，不是瞬息万变的东西。真理要持久得多，也许它就是生命本身。"

他的话被一阵轻微、带着干燥和不适感、声音空洞的咳嗽打断。弗朗茨·卡夫卡耸起肩膀，身体趴在桌面上，垂下头，右手伸到右腿下方，左手按住胸口。

我从椅子上站起身。"要我帮忙吗？我去打点儿水来好吗？"

卡夫卡缓缓摇了摇头。

"是我打扰您了。"

"没有，"他闷声说道，"不过，我这样子看起来确实不舒服。"他把手放到桌子上，抬起头，眼睛里突然露出明亮的笑容。"有时候，人的样子简直就像是陀思妥耶夫斯基那句话的证明，或是配图。这可不是好事。所有让黑暗固化和加深的东西都是不好的，不对的，因为它们会把我们引向错误的方向。"

"就像这阵咳嗽一样，"我急忙说，"现在好了。"

"是的，"卡夫卡点点头，带着无奈的微笑补充了一句："可是，这咳嗽，它还会再次发作。"他向我伸出手："抱歉，今天我状态不太好。再会！"

在他动身前往塔特拉疗养院 [114] 之前，我在和他告别时说道："您一定会痊愈，然后健健康康地回来。未来会治愈一切。一切都会改变。"

卡夫卡微笑着把右手食指放在胸口上。"未来已经在这儿了。变化不过是隐藏的创伤暴露的过程。"

我着急起来。

"如果您不相信康复，为什么还去疗养院呢？"

卡夫卡朝着桌面躬了躬身。

"每个被告都努力想要延迟判决。"

与卡夫卡在马特里阿尼

根据罗伯特·克罗普施托克 [115] 的回忆整理

　　卡夫卡选择了"塔特兰斯卡 – 马特里阿尼"作为最适合自己的疗养院，因为他在这里可以有求必应，特别是对方还在信中告诉他，春天时，他有机会在花园里"随心所欲"地工作。

　　在马特里阿尼，有一座被称为"主楼别墅"的建筑，里面设有餐厅，由于新近安装了中央供暖设备，所以在整个冬季，大部分病人都会住在里面。除此之外，还有两栋别墅；其中一栋仅供夏季运营，因此完全被关闭；另一栋是"塔特拉"别墅，里面配有供暖炉，当卡夫卡1920年冬天来到这里时，楼里只住着服务人员和牙医技师格劳伯（Glauber），后者也是一名患者。另外，还有一个"捷克人"，他患有喉结核病，为了避免在阳台上通过阳光反射治疗喉结时被其他患者看到，也被安置在这里。

　　另外两名患者——一个是"科希策人"①，另一个便是克罗普施托克——定期从主楼别墅转到这里，在三楼空房间的阳台上进行静卧疗养。

---

　　① 科希策（Kaschau/Košice），捷克小镇名。

卡夫卡（前排右一）和其他病人在马特里阿尼疗养院合影（1921 年）。
前排左一是罗伯特·克罗普施托克

　　当卡夫卡 1920 年 12 月中旬来到马特里阿尼，听了对各栋别墅的状况和使用情况的介绍后，他毫不犹豫地选择了"塔特拉别墅"，虽然楼里的供暖存在明显缺陷，而且在白天时，服务人员的人手也嫌不足。他选择了二楼的一间带阳台的房间。主要原因是他喜欢安静，这是睡眠不受干扰的前提。

　　"科希策人"（名叫斯钦内 [Szinay]）是第一个与卡夫卡面对面用餐的人，一个忧郁的年轻人，但心地善良，乐于助人，对所有在他看来高深莫测的思想都充满了钦佩。
　　克罗普施托克还记得卡夫卡抵达后的第一天晚上，在"主楼别墅"的大餐厅里，卡夫卡被安排坐在斯钦内对面。
　　晚饭后，斯钦内兴奋地找到克罗普施托克：
　　"您必须见见他，您必须见见他。"

"见谁，为什么？"

"就是坐在那边的那位，现在他站起来了，您跟我来。"

但克罗普施托克有些犹豫，因为他既不了解情况，也没搞懂斯钦内的意思，而且他还注意到，那个人（卡夫卡）显然正急着要离开餐厅。

"哦，现在太晚了……他是个非常奇妙的人，我也说不清为什么，他说的话我连一半都听不懂，但我知道他讲得非常棒……我从来没见过一个人，有像他那样的笑容。"

"他说了些什么……让您觉得这么不寻常？"克罗普施托克问道，至少在他看来，斯钦内的反应显得十分夸张和错乱。

"他认真倾听，听我跟他讲我的病，我的胃。这辈子，从来没有哪个人像他那样认真听我讲话，没有人像他一样理解我的痛苦，理解一个人长着一个生病的胃，生活会是什么样子。"

"那么，这个'奇妙'的男人是谁，我是说，他是从事什么工作的？"克罗普施托克问道，语气中带着一丝嘲讽，几个星期以来，他不得不耐着性子，听斯钦内一遍遍诉说自己的烦恼。

医学系学生罗伯特·克罗普施托克（1924 年）

"他说，他是一家保险公司的职员……您必须认识他。"

"为什么呢？"

"因为我不理解他，而也不理解您。我相信，你们两个一定会彼此理解。他在这里肯定会感到非常孤独。"

克罗普施托克最初对介绍两人相识一直表示抗拒。他后来听说，卡夫卡当时也一样。

但是没过多久，卡夫卡和克罗普施托克就彼此见了面。两人是在平日散步的乡间小路上相遇的。当时，克罗普施托克手里拿着一本克尔凯郭尔的《恐惧与颤栗》德文版。卡夫卡走上前，和他打招呼：

"您在读克尔凯郭尔？我也正在读这本书。"

"您是来自布拉格的卡夫卡先生吗？"克罗普施托克问道，"斯钦内先生几乎天天跟我说起您。"

"我希望，他讲的故事没让您觉得可笑。"

"一点也不。我真的很高兴认识您。"

年轻的克罗普施托克立即被卡夫卡迷人的个性所吸引。从这一天起，他和卡夫卡几乎每天都待在一起。

克罗普施托克对卡夫卡是一位作家的事毫不知情。卡夫卡的气质是如此富有涵养且充满感染力，却又不会带给人任何强势和压迫感；他从来不会为了博得外界的肯定和认可，而向他人提问。

卡夫卡对那位患喉结核病的"捷克人"的状况十分关心。他关注着后者病情的每一个细节和每一点变化，仿佛已经预感到自己未来也将遭受类似的病痛。可以想见，他是在用共情的方式感受着这个男人的痛苦。他经常不忍心去探望他，可又没办法做到不去打听，于是，他只好拜托格劳伯（"牙医技师"）或克罗普施托克去探望"捷克人"。

当卡夫卡几年后的一天晚上——那是 1923 年 12 月在柏林——出现轻微的喉咙嘶哑症状时，克罗普施托克正好来看他，他发现卡夫卡的情绪格外激动，这对后者来说实在是不同寻常。卡夫卡用一声欢呼迎接他："我从未如此盼望您的到来。我这么说也许会招人讨厌，因为我其实不是在等您，而是在等您告诉我，那个自杀的'捷克人'叫什么名字。我一整天都在绞尽脑汁想他的名字。我慢慢开始理解他了。"

尽管当时正是寒冬，人们完全不必为了这种若有若无的喉咙嘶哑而感到不安。但卡夫卡却确信不疑。没有人能够安慰他，当有人试图这样做时，他会报之以微笑，更多的是用眼睛而不是嘴唇。

喉咙嘶哑消失了几天，然后又再次出现。

有一天，他说："我开始研究动物的鸣叫了。"[116]

当卡夫卡在去世前两周对小说《女歌手约瑟芬》的校样进行修订时，他几乎已发不出任何声音。在一张对话用的便条纸上，他给克罗普施托克写道："看我做得对吧，我及时研究了动物的叫声。"

与弗朗茨·卡夫卡共度的两个夜晚

弗雷德·贝伦斯 [117] 的回忆

那是布拉格的一个冬夜，距他去世还有两年或三年。在市中心的一个小会堂里，鲁道夫·福克斯（Rudolf Fuchs）的妻子朗诵了她丈夫以及布拉格几位年轻犹太德语作家的作品：奥托·皮克（Otto Pick）、弗朗茨·韦尔弗、恩斯特·魏斯、弗朗茨·卡夫卡，还有其他几个人，我已经记不清他们的姓名。[118] 就在几天前，我刚刚读过弗朗茨·卡夫卡的一部短篇小说，《司炉》，其富有象征意味的现实主义风格让我深受触动，同时也激起了我的好奇心。

在当晚聚会——大约只有五十人在场——临近结束时，奥托·皮克向我介绍了弗朗茨·卡夫卡。卡夫卡的任何一张照片，都无法还原这个男人身上那种谦逊的魅力。他身材高大，体格匀称，头发乌黑，穿着十分考究，给人一种身姿矫健的印象。我还记得他那对深色的眸子，在苍白的脸庞上显得格外明亮，我似乎看到金色的光点在里面跳舞。他那几乎暗哑的嗓音随着谈话的进行变得越来越生动、温暖、清亮，充满了色彩。

我们跟随着福克斯夫人带领的这群作家一起出了门。在黑暗的街道上，卡夫卡和我并肩而行。我们谈到鲁道夫·福克斯的诗歌，这些作品当时还远未得到世人应有的关注。我努力避免和卡夫卡谈论他自己的作品，或是我刚刚读过的那篇小说。也许是因为我希望，我俩可以借助彼此之间的好感，达成某种外在的默契。我在记忆中徒劳地搜寻着，我们在这次大约十分钟的交谈中说过的那些话。不过，他那朝着我微屈的身体，还有瓦茨拉夫广场上五色斑斓的彩灯，在我眼前却依然历历在目。

队伍停下来，等着我们跟上。我俩竟然在不知不觉中掉了队。几双眼睛盯着卡夫卡，准备和他道别。在爱迪生咖啡馆门前，奥托·皮克问道："卡夫卡，您跟我们一起来吗？"但从他的声音可以听出，这只是出于礼貌的客套。卡夫卡转过头，用询问的神情看着我。当我做出肯定的答复后，他用下巴示意：我们跟他们走！

瓦茨拉夫广场边的爱迪生咖啡馆

在咖啡馆里，这位《城堡》的作者坐在我旁边，尽管屋里人声嘈杂，我们却浑然不顾，一味继续着我们的谈话，就连我们所在的小团体，也被我们抛了一边。当他用纤细的手指比画着某个动作时，我突然想起来，卡夫卡不久前曾在一位捷克园艺师那里工作过。于是，我的眼前浮现出一幅和他的气质十分相衬的画面：卡夫卡满眼爱意与呵护，在硕大的菊花和红色大丽花丛中俯身劳作。

在这一刻，我告诉他我读过《司炉》，并向他拙劣地表达了我的钦佩。此外，我还补充道，我对他在小说中描绘的那种几近荒谬的孤独感和空虚感体会至深。他专注地听着我讲话，我看到从他的目光中透出一道明亮的金褐色光芒，我问道："《司炉》莫非只是一个片段？这个故事的主角后来会不会找到他孤独的原因？"

我们没有察觉到，好几位同伴也在倾听着我们的谈话。坐在卡夫卡旁边的一位"打油诗人"的妻子不等卡夫卡回答，便对我展开攻击，指责我对这个有头有尾的完美故事抱有误解。卡夫卡垂下一双长着黑色长睫毛的眼睑，遮住了眼中倏然闪过的亮光。他的嘴角周围露出一丝略带狡黠的微笑，直到这一刻我才发现，他那双深邃的眼睛是蓝色的。

这位傲慢的卡夫卡思想世界的女解读者在当众指出了我的愚钝之后，把目光转向卡夫卡，想要寻求他的认同。卡夫卡却以不太客气的口气答道："这个外乡人说得对！"

为什么他偏偏选择了这个在他的许多作品中经常出现的词？他难道是用它来影射那位年轻太太刚才所说的话，因为她在言语间把我称作是对布拉格一无所知的外乡人？很可能如此。但是"外乡人"这个在地球上众多语言中听上去通常像是一种侮辱的词，在这位作家的口中，却成为他和我之间架起的一座桥梁。

"打油诗人"太太涨红了脸，我隐约感觉到，他同时也在观察她。后来，当我注意到他的目光短暂停留在恩斯特·魏斯那张总是挂着一丝嘲讽的脸上时，这种感觉变得更加强烈。后者带着一副事不关己的神态，像一尊佛一样端坐在那里。之后，卡夫卡向我探过身，一字一顿地说道："所有生命都只是片段。"

在缭绕的烟雾和喧闹声中，我又一次看到他站在菊花和大丽花盛开的花丛中。我当即理解了他的感悟，那是他所热爱的花朵传递给他的：我们所感知的生活只是一个片段。

时钟敲响了十一时还是零时，我已不太记得。卡夫卡吃惊地看了眼手表，伸出手，和我真诚地握了一下手，脸上带着微笑，他的整个脸庞因为微笑而变得分外明亮。然后，他站起身，走出门去。众人于是也学他的样子，彼此握手告别。

在一阵乱哄哄的场面过后，我发现自己正走在人行道上，身旁是那位"打油诗人"太太。"嗯，"她用一种试图为此前的失礼道歉的语气说道，"您可以感到骄傲，卡夫卡只是因为您才去了咖啡馆！"当我惊讶地看着她时，她补充道："他平常从来都不肯去，因为他睡得很早。您不知道他得了肺结核吗？"

虽然我听到过这样的说法，但谁能想得到，这位看起来比实际年龄更年轻的俊美男子竟然会患有绝症？我离开了布拉格。当我后来再次返回这里时，我得知卡夫卡已经搬去了柏林。

又过了一年或两年，具体我已记不太清楚，在一个小型音乐厅里，一位著名演员为一群思想开放的听众——布拉格德意志犹太精英——朗读现代作家的作品，这其中也包括弗朗茨·卡夫卡。[119]

作家本人也来到了现场。他身材消瘦，眼神中透着兴奋，比我记忆中更灵动，更真实。他身边带着一位女伴，这引起了现场人士的好奇。人们窃窃私语，猜测她大概是他的妻子。我坐在两人身后四五排的位置，暗中观察着她。她长着一头深色的头发，个子几乎和他一般高，有一种朴素大方、天生丽质的气质。由于两人在某些地方有些相像，让我生出一个念头，她说不定是他的妹妹。卡夫卡站在那里，平静悠闲地和她说着话，直到被演员的登场打断。我感觉他似乎是用身体依偎着他

172

的女友，至少两人的肩膀轻轻地贴在了一起。

晚上的活动快结束时，演员朗读了一篇卡夫卡的奇特作品：一位子嗣众多的耄耋老人，一一细数几个儿子的优点和缺点。由于他所列举的都是那些世人皆知的品性，于是听众们纷纷猜测，这位老人是否便是上帝。

当朗诵完毕，我身后有个人借着大家的掌声，大喊了一句："这实在太无聊了！"我猛地转过身，看到了"打油诗人"太太。"它也许很怪诞，但绝不无聊！"我激烈地反驳道。

幸好就在这时候，那位演员开始朗诵另一篇作品，它的题目和内容我早已不记得。

活动结束后，在场的作家被崇拜者团团围住。卡夫卡在座位间与各种夸赞和奉承周旋着，但似乎并没有因为这份热闹而乱了方寸。他显然意识到，人的好奇心是比崇拜更强大的一种本能，而且很多人不过是想知道，他是不是真的已经结婚娶妻。一抹疲惫的微笑滑过他那张略显紧张但被内心愉悦所照亮的脸庞。面对涌动的人群，我决定放弃原来的打算，没有上前祝贺他，并请他把他的"太太"介绍给我。

在离开音乐厅时，我抱定了这样的想法：他已经病愈康复，日子过得很幸福。于是，我决定给他寄一张卡片，以表达我对他的祝福。我没有立刻行动。到第二天时，我却已然找不到合适的词汇。

鲁道夫·福克斯纠正了我的想法：这位年轻女子的父亲极力阻止这桩婚事；卡夫卡的健康状况非常糟糕，他眼下正在维也纳一家疗养院疗养。

几周后，1924年6月，我在街上遇见了"打油诗人"太太。她拦住我，悄悄对我说："您听说了吗，您的朋友卡夫卡去世了。我丈夫刚刚听到消息，他肯定会给他的报纸写一篇漂亮的文章。"

与卡夫卡的最后一次会面

阿尔弗雷德·沃尔芬斯泰因 [120] 的回忆

　　一次无法再现的相会将带着独特的光芒永存于我们的记忆中，作为对逝去往昔的永恒补偿——是的，它的作用就像死亡面具，其展示给我们的面容比死者生前的照片更纯粹，更强烈。如果说与一个人的初次相遇难免会给人留下带有偏见的印象，那么最后一次相遇会将回望者眼中所有的瑕疵都一笔勾销。今天，我们生活在一个比以往任何时候都更加浓厚的别离氛围中，时代正在马不停蹄地走向终点。我们如此害怕分离和结束，以至在每一次较为重大的分别时，我们面对死亡风险的压迫，都会用力抱紧我们心爱之人，把他深深地刻在眼中，记在心里。从此之后，他留在我们记忆中的形象不仅变得更加纯净，而且也更加清晰。

　　布拉格，这座位于欧洲中部的昏暗美丽的童话之城，仍然是一片孕育文学家的沃土。在这里，诞生了两位在某种程度上堪称登峰造极的诗人：一位是笃信天主教的莱纳·玛利亚·里尔克，另一位是犹太教信徒弗朗茨·卡夫卡。我从城堡区尖塔林立、高墙环绕的哥特式圣维特主教座堂和充满巴洛克之美的小城区，一路顺坡而下，来到了老城区。卡夫卡住在这里的一栋布拉格式建筑中，在这种建筑里，你每迈一个台阶，都感觉自己不是向上，而是向着深处的地下世界更近了一步。我走进的这个房间很凉爽，屋里遍布阴影。在他几乎是摸着黑写作或阅读的角落里，身材修长的作家站起身来，我从他的问候中发现，他并没有听清我的名字。于是，在接下来的半小时里，他就这样和一位不知姓名的访客交谈。看来，对这位用笔触描绘人群中的陌生感和孤独感的作家来说，这种具有象征性的情境经常会发生。他讲话的语气透着一股少年般的魅力和没有年代感的智慧，其略显嘶哑的嗓音就像他的文字一样简单直白，却又精辟深刻。于是，我便任由这二者合一的魅力向我施展它的魔法：一半是其身为真正作家的深刻性，另一半是其身为真实的人的亲切感。他的身影在窗户的光线下显得更加瘦弱，一颗丰盈无际的灵魂栖息于其中。我不禁联想到他那些精练的短篇小说和洋洋洒洒的鸿篇巨制，还有一个个精致而丰满的人物：艺术崇拜的奥秘在耗子民族中的独特存在约瑟芬身上显现；法律守门人揭示正义之困境；透过审判窥见人类的罪恶意识；从高高的城堡上将宇宙的无限性与一个村庄联系起来。[121]泰恩教堂的尖顶矗立在窗外，老城环路上华丽繁复的建筑物在他的背后时隐时现，作家温柔而锐利的苍白面容在黄昏的光线中如漂浮一般，一对个性十足的尖尖的扇风耳，就像挂在发际的一对蝙蝠。那个出于强烈的罪恶感、醒来时发现自己变成了一只昆虫的年轻人，那个兴奋地梦见刻在自己墓碑上的华美铭文的银行职员，那个让观众特别是作家本人为之陶醉、挣脱世间所有羁绊的马戏团女骑手：他们都在这个屋子里一一浮现，伴着《在流放地》中的恐怖场景。他透过窗户，望向对面的市政大厅，在三十年战争之前那个伟大的日子里，王公贵族们目睹了发生在那里的酷刑和处决场面（其中只有一位男士在同胞兄弟惨遭杀害的瞬间，暂时离开了看台）。布拉格风云动荡的历史，与作家所属的犹太民族的动荡历史交织在一起；布拉格一如既往的黑暗气氛，因为欧洲生命力最顽强的犹太人居住区（虽然在现实中，以最古老的犹太教堂和勒夫拉比 ① 墓为中心的这片区域已被拆除，但在精神世界里却仍然屹立）而显得更加黑暗；欧洲人和犹太人的各种秘密，以苦难的形式在这块奇特的土地上彼此重叠——所有这一切，都为其作品中的诸多形象和思想提供了解释。眼下，我们的谈话从文学和人生跳到了另一个人和作家，其同样忧郁且充满人道精神的作品刚刚经我手被重新翻译，他就是雪莱。在谈话之间，我的名字显然清楚地钻进了他的耳朵而被记住，因此，当我起身告别时，有一个瞬间，我更加体会到一种心心相印的默契感。我等了一会儿，直到一阵可怕的咳嗽发作过去，然后我看到作家的身影在完全黑透的房间中渐渐消失。当我走下楼，穿过狭窄的街巷返回时，我发现有人从卡夫卡家一路尾随着我。当我在橱窗前停下时，他也停下不动；当我加快步伐时，他也加快脚步。当他跟在我身后走上一家咖啡馆的楼梯，站到我身边堆放报纸的角落时，他面对我诧异的目光轻声说："您也喜欢弗朗茨·卡夫卡吗？"他指了指我手中的书，解开了谜团：那是卡夫卡的《乡村医生》，是作家刚刚送给我的。随后我发现，这个一路尾随我的跟踪者，一位年轻的大学生，是我遇到过的最令人惊讶的作家崇拜者。后来，他给我寄来了一张画片，上面是一张被灵感点燃的青涩脸庞，一双耳朵就像是张开的蝙蝠翅膀——弗朗茨·卡夫卡不久前刚刚离世。

177

在他的身体里，蕴藏着一种最奇妙、最真挚的罪恶意识，一种对世界和人类不完美性的意识——可这个人却偏要把这种不完美归咎于自己。这种有关责任的道德意识是这个犹太人最深层的美德之一，它对今天和未来的重要性如今再次凸显。在

---

① 犹大·勒·本·比撒列（Judah Loew ben Bezalel），十六世纪重要的塔木德学者、犹太神秘主义者和哲学家，曾长期担任摩拉维亚的米库洛夫市和波希米亚的布拉格市的最高拉比。

Shelley/Dichtungen

阿尔弗雷德·沃尔芬斯泰因在其翻译的《雪莱诗集》扉页上写给卡夫卡的献辞
（1922 年于柏林）

弗朗茨·卡夫卡的每一部作品中，其人道主义倾向以良知和艺
术最纯净的语言得以呈现。其所述及的世界的不完美性，早已
因其作品之完美而被彻底击败。

我是卡夫卡的希伯来语老师

摘自对普阿·门策尔－本－托维姆 [122] 的采访

我在耶路撒冷结束学业后，听从胡戈·贝格曼的建议前往布拉格继续深造。在那里，犹太大教堂的拉比布罗迪（Brody）建议我以志愿者的身份，业余教授巴勒斯坦人日常使用的希伯来语。我住在胡戈·贝格曼母亲的家里，贝格曼的一位同学就住在距离我两条街的地方。这位同学就是弗朗茨·卡夫卡。不过，这个名字对我来说并没有特别的含义，因为他当时几乎没有发表过任何作品，而是把作品都托付给了另一位同窗好友，马克斯·布罗德。一天，我得知卡夫卡的母亲希望我给她的儿子上希伯来语课，后者因健康的原因不得不辞去工作。[123]

于是，我们开始上课。我惊讶地发现他早就在借助被称作"Sfat Amenou"（我们民族的语言）的教材学习希伯来语。实际上，他是从1917年刚刚患上结核病时开始学的。他还尝试与犹太复国主义者朋友一起，共同探索这门"祖先的语言"。后来，他请布拉格的蒂伯格博士为他上课，可是蒂伯格只会《圣经》使用的希伯来语，而不是在巴勒斯坦重新成为一门活着的语言的希伯来语。

卡夫卡看起来很虚弱，非常虚弱。由于生病的原因，更加重了他与女性相处时的压力。这是我通过一些细节逐渐了解到的。他人很拘谨，很有礼貌，对我新买的裙子或姣好的妆容总是不吝赞美。有时候，我们正在大笑，他会突然把手放在胸口，因为剧痛而把身体倚靠在椅子上。我知道他的病情，因此并没有过于担心。相反，他的母亲却总是战战兢兢。在每次上课的过程中，她总是多次从门口向里张望，以确认儿子状况良好。

179

普阿·门策尔－本－托维姆

在我和他之间，我并没有感到任何的性张力。他无疑从我这里感觉到了某种吸引力，但是，这种吸引力更多的是来自理想，来自对遥远的耶路撒冷的向往——他总是喋喋不休地追问那里的情况，并决定在我返回时与我一同前往——而不是现实中的我这个女孩。他之所以迷恋我，是因为我是第一只来自巴勒斯坦的"说希伯来语的鸟"，是那些不用再生活在对迫害和羞辱的恐惧中的犹太人的代表。后来，他向我坦白，主要是我身上所洋溢的自信吸引了他。当我决定前往柏林并告诉他我的父母多么不赞成这次旅行时，他在一封信中表达了对我的理解，这很可能是他用希伯来语写的唯一一封信。尽管病情严重，但他仍然渴望能和我一同回到耶路撒冷。

在 1917 年至 1923 年期间，卡夫卡开始逐渐坚定了自身的犹太教信仰。一开始，他总是用一种略带嘲讽的态度看待犹太教仪式，大概是因为他对这些仪式了解甚少。通过与意第绪语戏剧的接触，以及与众多犹太复国主义者朋友的交流，再加上学习希伯来语的决定，使得他对犹太人身份的意识逐渐被唤醒，变得越来越坚定。后来在柏林，他为了更多地了解自己的民族，参加了犹太学高等学院的课程。当然，正如那个时代受欧洲文化熏陶的犹太人一样，他也感受到了巴勒斯坦的召唤与散居地生活的吸引力之间的矛盾。我认为他之所以对朵拉·迪亚曼特如此着迷，很大程度上是因为后者是来自一个极端保守的哈西德派家庭。他想要了解有关巴勒斯坦先驱者生活的一切，他想要学习与农业相关的事务，因为他说过，他还想尝试干农活。希伯来语学习为他提供了至少是在象征性层面与巴勒斯坦建立联系的机会，由于身体虚弱和个性上的矛盾，现实联系对他而言是难以实现的。

当卡夫卡准备到我工作的埃伯斯瓦尔德的一处夏令营拜访我时，我早已搬到了柏林生活。可是碍于病情，他不得不中途改变计划。在位于米里茨的另一处夏令营中，他偶然结识了朵拉。我后来在柏林遇见了他们，由于邻里对这对奇怪的情侣抱有敌意，他们不得不在六个月内多次搬家：米奎尔街、格吕纳瓦尔德街、海德街。卡夫卡请求我为他恢复希伯来语课。我给他上了五六堂课，然后发现，这件事其实也可以让朵拉去做，因为她对这门语言大体掌握得不错。事后我才意识到，我一定是让他失望了。一来是因为我当时一个人去了柏林，二来是因为我放弃了在那里为他授课，这让他感觉彻底失去了与巴勒斯坦的联系。

"听见没，蒂勒，那个坏蛋叫弗朗茨。"

蒂勒·瑞斯勒 [124] 与弗朗茨·卡夫卡的相遇

　　通货膨胀的气氛笼罩着柏林，"犹太人民之家"经过改造，变成了"年轻犹太漫游者联盟"。在家里，我和父母的关系变得越来越紧张：父母违背我的意愿，为我在一所商业学校报了名，以接受商业技能培训。而我则第一次公然违抗其意，擅自决定去一家书店做学徒。正是在这段时间，我遇见了弗朗茨·卡夫卡。

前面中央位置是卡夫卡居住的"幸福之家"酒店，右后方靠近森林处是
"年轻犹太漫游者联盟"的暑期营地大楼

　　我们在联盟的安排下，到波罗的海海滨小镇米里茨参加夏令营，朵拉·迪亚曼特当时在那里担任经理，我和她合住一个小小的房间。一次在海滩散步时，我发现在一处沙滩上，有人用松果摆成了两个字母：F. K.。

　　字母的形状显得又细又长，和所有年轻女孩一样，我忍不住好奇心，飞快地瞥了一眼旁边的沙滩椅，上面坐着一个身材修长、皮肤黝黑的柔弱男子。趁着没被发现，我迅速跑开，然后遇到了联盟的一群朋友。他们兴奋地告诉我，作家弗朗茨·卡夫卡在这里有一处"城堡"，问我是否愿意跟他们一起，从海滩上偷偷观察他。

"幸福之家"酒店

　　对作家的敬畏让我不敢做出这种偷窥的举动。不过，我感到自豪的是，我早就读过他的一本小书。这本书的名字是《司炉》，它是《美国》一书中的一个章节，当时陈列在我们书店里。

因此，我没有和他们一起去，但我现在知道了，F. K.代表弗朗茨·卡夫卡。我从朋友们七嘴八舌的谈话中得知，卡夫卡住在海滩上一家巨大的酒店里，我还听说他生了病，天气好的时候，他每天都会出现在海边，但他总是独自一人，似乎不愿和其他人有任何交往。尽管这些信息都钻进了我的耳朵，可我并没有因此感到心动，因为我毕竟不认识他。

但是，我俩的相识没过多久便发生了。

当时，联盟计划组织一场露天演出，作为给一位负责人送行的聚会活动。在我们这群女孩当中，有一位来自莱因哈特学校的戏剧专业的学生，于是，她自然而然地得到了主演的角色。可是在演出前两天，导演对她的表演感觉不满，问我能否在如此短的时间内，接替她出演鬼怪的角色。我欣然同意，并为此感到十分开心。

"幸福之家"酒店后侧露台，从这里可以看到"犹太人民之家"的暑期营地

　　这天晚上，我登台出演了我的角色，并特意改变了原来的音调，好让自己的声音听起来更像是鬼，而不像人。我顺利念完了所有台词，可就在落幕前，当我要对那位即将离开的负责人说上几句送别的话时，我却突然失声，从我的口中发出的声音就像是一串喃喃自语。这时候，我的内心充满了激动、自豪和幸福，但也充满了恐惧。每次提高嗓门的尝试，都无济于事。

　　除了坐在舞台周围的一大群人之外，还有一个人站在他的酒店阳台上观看着演出。由于看不清我的样子，F. K. 向联盟的朋友打听是谁出演了这个独白的角色，并邀请我在他那块沙滩上和他见面，因为他想认识我。

　　于是在这一天，一个焕然一新的蒂勒沿着沙滩一路走去，去寻找那座用松果装饰的美丽"城堡"。我是受邀请的客人，我感觉自己忽然间长大并受到了重视。就这样，我穿过他的"围栏"，站到了他的面前。我哑着嗓子，仰望着他帅气的脸庞，嘴里发不出一个清楚的音节。他在意识到我失声之后，也放低嗓音对我讲话。

　　这便是我俩相遇的开始。从这天起，我每天都会前往他的"城堡"，我俩的对话变得越来越严肃和深刻，我对他产生了一种超乎意料的依恋感。我们无所不谈，关于家庭、梦想、上帝、犹太复国主义、犹太教，等等。当他穿着泳裤坐在那里时，我简直无法将目光从他的身上移开。我尤其喜欢他那修长柔嫩的脚趾，它们看起来就像手指一样富有个性。我感觉，这些脚趾至少会弹奏钢琴。我知道他是个病人，我也知道他已年过不惑，然而在我眼中，他的样子就像个年轻男子，甚至和少年一般无二。他的身上散发着一种无比新鲜和青春的气息，因此我从来没有感觉和他之间有太大的距离。

　　夏令营的男孩和女孩们都非常好奇；他们看到我俩旁若无

人地交谈，要么坐在他的沙滩篷椅上，要么是在散步途中。他们完全无法理解，K.为什么会对我感兴趣。他们并不知道，我这个来自东欧犹太家庭的女孩，因为对母亲的反叛，再加上我对犹太复国主义的信仰，以及对上帝问题的困惑，让他一方面在我身上感觉到某种亲近感，另一方面又强烈激起了他的求知欲。

当时，同伴们肯定认为是我爱上了他，而他不过是把我当成孩子。只有与我同居一室的朵拉·迪亚曼特和一个人称"小不点儿"的女孩，知道我俩的友谊是多么真挚，而我也毫无隐瞒地向她们吐露了心声。

有一天，我和"小不点儿"走进米里茨镇上的一家商店，这里可以买到从鲱鱼到艺术品的所有东西。在店里，我在一个货架的高处看见一只红宝石色的点心碟。我抑制不住兴奋，用手指着那个方向，用另一只手搂着"小不点儿"说："天啊，真漂亮！你不觉得吗？"在她张口之前，我听到身后有人说道："是的，真漂亮，非常漂亮！"

我转过身，看到了F. K.。他第一次露出了微笑，在这个全新的环境里；不是在海滩上，而是在一家商店里。我从来没有想过，他也会去商店，这让我感觉有些错乱。我们两个女孩很快便离开了商店，当然没有带上那个红色的碟子。我们没有钱购买奢侈品，而且我对自己如此大声、如此热情地赞美一只碟子感到有些羞愧。在F.K.和我之间，从未就这件事提到过一个字。但是我知道，他一定也会把这件事归咎于我的"狂热"。

因为就在几天前，我俩还聊过关于"表演艺术"的话题，我向他描述了我对亚历山大·莫伊西（Alexander Moissi）在《活尸》中演技的印象。他扮演的角色深深地震撼了我，让我整夜难以入眠，深陷白日梦中，并激起了我想要作为专业演员在真正的舞台上表演的愿望。于是，我将所有这些印象在F.

K.面前和盘托出。我甚至试图模仿莫伊西那个奇怪的"N"字发音，并毫无保留地对其演技大加赞美。F. K.听着这种少男少女式的情感宣泄，一言未发。第二天，我收到了一块希尔德布兰特牌巧克力作为回应，上面写着这样几句话：

> 不像 M.那么甜，那么迷人，那么有诱惑力，
>
> 但更朴素，更实在，更有营养。

我立刻意识到 M.代表莫伊西，而 F. K.把我当成了一个狂热膜拜他的女粉丝。这样一来，我对那只红色碟子所表现出的热情更让我感到双倍的不适。

我还兴奋地跟他讲过我家每周五晚上的聚餐，我们如何装饰餐厅，如何吟诵美好的"基杜什"[125]祈祷词，晚餐又是多么美味，但是最美妙的一幕，是大家一起吟唱歌曲或尼贡[①]，在游戏和民间舞的陪伴下度过欢聚时光。我的兴奋情绪深深感染了他。我邀请他到我家来，和我们一起共享周五晚上的聚会。

我家的"查维林们"[126]都为他能接受邀请感到骄傲和开心，千方百计想把一切都搞得漂漂亮亮。可是他，弗朗茨本人，却在这天还抱着一本《西杜尔》，[127]问我会念到哪几页或哪段祷文，因为他想赶紧把这些章节记熟，以免到时候出丑，或被大家当成是外人。

周五到了。我为能请到这样的贵客而激动得两眼放光，而且，人们还把他安排在我的旁边就座。就在这天晚上，我介绍他认识了朵拉·迪亚曼特。

他像一个完成了学业的勤奋的学生，认真地说着各种祝福语和餐前祷告。当他晚上在家门口和我告别时，月光照亮了

186

---

① Nigunim，希伯来颂歌。

1923 年于米里茨。中间一排最右侧两人：玛丽·韦尔纳洛娃和埃利·赫尔曼；两人前面是格蒂·赫尔曼，右边第五个是汉娜·赫尔曼

他的脸庞，我心中萌生出一种冲动，想要握着他的手，给他鞠躬，或者跪下来亲吻他的手。最终，我只是象征性地鞠了一躬，因为我实在太害羞，不敢依着内心的冲动行事。

从这天晚上起，朵拉对我讲述的有关弗朗茨的事情更加感兴趣。她偶尔也会抽出时间，和我一同前往海滩，将原来的二人世界变成了三人局。

187 在此期间，弗朗茨也迎来了几位访客，他的妹妹和两个孩子，沙滩篷椅上的这个小团体变得越来越庞大。回家的日子逐渐临近，我开始在心里为与弗朗茨的告别做准备。我给他买了一只蓝灰色的圆形小花瓶，在里面插上雏菊，把它放到他的房间里。从这时候起，我已经开始构思写给他的第一封信。

天啊，我还有那么多话要对他说，那么多问题要问他，可命运却要把我们生生分开。告别的日子就这样一天天临近。

这天一早，天空便开始哭泣，乌云密布，大海波涛汹涌。弗朗茨当然没有到海滩来。我穿上雨衣，走进了海边的大酒店。那是一个星期天，一位乐手坐在钢琴前，专注地弹奏着格里格的《阿瑟之死》。哀伤的情绪伴着雨水和音乐，让我泪水奔流，但是，因为我的雨帽在不断滴水，接待我的酒店侍应生并没有注意到我在流泪。

于是，我坐在那里，对自己说："蒂勒，这是你最后一次见到他了，天啊，你还要对他说些什么，该如何熬过这一切？要不然干脆罢工，告诉人们，你不回家了？"

所有这一切，还有眼泪和格里格的音乐，都在瞬间被打断：一个高大的男孩带着一张闪耀着智慧光芒的脸庞走下楼梯。不及和我打完招呼，他便拍了拍额头，请我原谅，说他忘了一件事。短短几分钟后，他再次出现，双手捧着一个巨大的纸盒。我的心怦怦直跳，因为我有预感！他，这个大男孩，把纸盒递给我，让我看看里面是什么。

包装越来越小，就像一颗洋葱，我把纸一层层剥开，这让他开心不已。这时候，我的眼泪已经干了，每拆开一层新的包装，都会引得我俩一阵大笑。现在到了结尾：包装已经变得很小，我的心脏跳得比刚才更快更强烈，因为我知道，而不仅仅是感觉，里面是那只红色的碟子。我把它捧在手中。就在写下这番经历的时候，虽然已时隔多年，可当我想起这一刻的情景，我的眼睛和心仍然还在流泪。那一刻，弗朗茨说道：

"蒂勒，你知道，当一位新娘站在'楚帕'① 下面时，她必须摔碎一只玻璃杯。这只红色的玻璃杯，蒂勒，你将在站到楚帕下时把它摔碎。"在这一刻，我再也无法抑制我的眼泪，只能任由它在我的脸上流淌。然后，弗朗茨把我送到酒店门口，一直到玻璃门前。狂风发出绝望的呼啸，弗朗茨吻了一下我的额头。

我丝毫不记得，那天我是如何回到家的。这天晚上，一场

188

---

① Chuppah，犹太婚礼上搭建的天篷。

彻底的"失忆"罩住了我。

第二天清早，我乘火车去了柏林。事实上，我在火车上就已经开始写给弗朗茨的第一封信。我当时大概完全昏了头，眼里只有两种极端：作为成年人去到弗朗茨身旁，受人尊敬，高贵，气派，或者像"灰姑娘"一样回到家里。但是，我别无选择。我想象着，如果收到弗朗茨的来信，会是怎样一种情形；而且我也已经知道，该把那只红色的碟子放在哪里。放在黑色的钢琴上，是的，就是那儿，和音乐一起，那便是它的位置。一到柏林，我就写下了第二封信。没过多久，弗朗茨的回信就到了。我读了这封信多少次，简直就像是"传奇"。我已经把它背得滚瓜烂熟。

信里是这样写的：[128]

我亲爱的蒂勒：

邮局把你的信弄颠倒了，第二封信中午到，而第一封晚上才来。晚上这封信，我是在海滩上接到的。当时朵拉也在我身旁，我们正在读一点儿希伯来文。那是很久以来第一个阳光明媚的下午（这样晴和的天气可能会持续很长时间）。孩子们吵吵嚷嚷的。我不能坐到我的沙滩篷椅上去，因为妹夫坐在那儿处治玩足球弄伤了的脚趾，于是我站着看你的信。与此同时，菲莉斯试图用石块击中我身后立着的一根桩，那些石块有的从我头上飞过，有的落在我周围，有的击中了我，但我依然平静地读你的信。我很高兴，你想念我们；同时也欣喜地发现，你远没有，至少根据我此刻的感觉，远没有因为离开我们而失去您以为会失去的那么多的东西。这里已不像以前那样令我满意了。我拿不准，事情的起因是否仅是我个人的疲惫、失眠和头痛。可为什么这些因素以前产生的影响要小些呢？或许我不能在一个地方待得过久。有些人，只有出外旅行，才有找到家的感觉。这便是从表面上来看的事情的全部。犹太人民之家的所有人对我很好，比我能对他们所表露的好多了，尤其是朵拉（我与她在一起的时间最多），真是个可心的人儿，但我觉得疗养院已不像过去那样让人看得分明。某件看得见的小事，在我看来，已对它的形象有所损害，另一些看不见的细微处，则在继续起损害作用。我作为客人、作为陌生人、作为一个疲倦的客人，没有机会说话，不可能得到那种"分明"，所以我失望了。到目前为止，我每晚都待在那儿，但今天晚上，尽管是周五晚上，正如我担心的那样，我不会过去了。

因此呢，对我妹妹（她丈夫来接她了）不是等到十号才离开这里，而要提前几天走，我也并非很不满意。我将同他们一道走，这样要舒服些、便宜点，主要是因为我不愿一人留在此地。如果不是太疲劳，我会在柏林待上一两天的，那就一定来看你，不过，即使我不在柏林停留而即刻继续启程去马林巴德浴场我父母处（以便能花一天时间也去一趟卡尔斯巴德浴场。遗憾啦，这样见到的就会不是蒂勒而只是上司先生了），我们不久也会见面的，因为我希望过一阵子就再来柏林。最近我这里有客人，是个很好的女友，巴勒斯坦人，我曾对你提起过她。她是与弗丽达·贝尔（她以前就认识我这位女友）同时来的，住在俱乐部。客人很快就走了。在此逗留的时间不到一天，但她的自信、她的沉静的愉悦，却化作一种鼓舞力量，留了下来。你该在柏林与她认识认识。

你把碗写成"Schaale"①，很逗，据我看，这就像人

---

① 正确写法应当只有一个"a"字母。

们把"问题"当隐语来写一样。是的，碗也应是一个向你提出的问题，即："蒂勒，你，你到底啥时候让我玉碎？"为了那只从你那里谋得的花瓶，我有时得与房东三岁的女儿克里斯特尔较劲。她是这里家家开放的花儿中的一朵，娇小、金发、白肤，还有红润的脸颊。她什么时候来都想拿我那个花瓶。她借口想看我阳台上的一个鸟窝，闯将进来，人还没有挨近桌子，手便伸向了花瓶。她并不拐什么弯儿，也不多费口舌，只一个劲地反复嚷嚷：花瓶！花瓶！她坚持要求她这份天经地义的权利，因为世界是属于她的，更何况这只花瓶？花瓶可能惧怕孩子残酷的手，但它是不必害怕的，有我总在一旁护着呢，我绝不会把它交出来的。

请代向疗养院我所有的朋友，尤其是向比内问好。如果不是我心存虚荣，也想用希伯来文、用我自然要稍逊一筹的希伯来文作复，感谢她用漂亮的希伯来文写成的信，假使我在眼下所处的不安中，找到了那本供学习希伯来文之用的文集，那么，我早就给比内写信了。

我所有的亲戚，也让我代他们向你特别是向孩子们衷心问候！你中午那封信到的时候，费利克斯与格蒂为谁可以先读信的问题，还发生过一场激烈的争执呢。到底谁先谁后？难下断语。费利克斯说他年长些，而且信也是他从邮差手上拿回来的；格蒂提出的理由则是她与你的友谊比菲莉斯与你的友情更深。可惜后来是武力起了决断作用，格蒂便以她独有的、卓异的方式噘起了嘴巴。——

你听过格里格了吗？这其实是我对你最后一个完全清晰的记忆。当钢琴奏响时，你站在那里身子微弓、脸上略带扫兴表情的模样，以及听音乐时那种谦恭的神态，至今仍历历在目。但愿你总能保持这种姿态！

祝生活愉快！

K.

信的旁边写着：

声音么？医生么？我约过两周才去布拉格，在那儿的地址是：老城环路6号4楼。[1]

我心里想着这封信，带着美丽的红色纪念品，在柏林继续着我的生活。通货膨胀的年代在当时达到了顶峰。我打工的书店也面临着困难。当晚股市收盘后卖出的书籍，第二天我们已无法用同样的价格再买到它们。由于我们的老板在国外，所以，我和同事安娜决定，提前到下午就关闭书店，相比同样金额的现金，我们更愿意把书留在书架上。于是，当我们在办公室完成工作时，巨大的玻璃门早已经关闭。

一天下午，我正背对着店铺门口干活，听到有人不耐烦地在门上拍打。我对安娜耳语道："我们不要搭理，别回头，这种急性子的人可以明天再用新价钱来买他的书。"但是，门上的拍打声并没有停止。我突然下意识地转过身，想要警告一下这个捣乱鬼。这时，我看到弗朗茨·卡夫卡站在玻璃门外，手里捧着一束紫罗兰。弗朗茨在柏林？哦，天啊，这是怎样的惊喜啊！我呼地扑向门口，激动得一时语塞。然后我请求安娜，替我完成剩下的工作，让我先行离开。

弗朗茨告诉我，他正在去布拉格的路上，但他事先早就计划好要到柏林绕一圈，今天晚上，他想带我去看戏。他说当晚上演的是席勒的《强盗》，问我是否愿意和他一起去。

---

[1] 译文摘自叶廷芳主编《卡夫卡全集》第七卷，2015年，中央编译出版社，略有改动。

我愿意！那天，我大概是全人类的孩子中最幸福的一个。我忽然想起来，这天傍晚前的早些时候，我家里没人，所有人都碰巧不在，于是我建议他先去我家，我可以为看戏梳洗打扮一番，我们还可以顺便吃点东西。天啊，我真是太走运了，母亲不在家，这让我免去了所有的问题和盘问。

他看到钢琴上的红色碟子时，脸上露出微笑，问我是否愿意为他弹奏一曲。但是，我实在太激动了，赶紧先换好了衣服。

此刻，我在地铁里和弗朗茨并肩而坐，心里一直在想：啊，你们知道坐在我旁边的是谁吗！然后，我们到了德意志剧院。在一场戏中，弗朗茨像个孩子一样，捅了我一下，轻声说：

"听见没，蒂勒，那个坏蛋叫弗朗茨。"

演出结束后，他送我回家。我还记得，那天他问过我："你每天晚上睡觉前都想些什么？你通常都有哪些想法？"我回答他："关于上帝，关于与上帝的争论，有时还有对他的存在的怀疑。"我还告诉他，我经常会想到以色列地（Erez Israel）。在分手之前，弗朗茨告诉我，他有可能会来柏林，也许会待上一段时间，到时候，朵拉·迪亚曼特将为他操持家务。我听后十分开心，我觉得，让朵拉做他的管家是个绝妙的好主意。而且，她那么会做饭！于是，我满怀在柏林与弗朗茨重逢的新的希望，轻松地和他道了别。

一天，大概只过了几周，我回到家时，家人告诉我有人打电话找我，这个人名叫弗朗茨·卡夫卡，让我一到家就立即给他回电话。因为我父母以为，这可能是一次业务电话，所以没有对我追问不休。我急忙走到电话边，跟家人要来了号码。电话另一端传来了一个女人的声音。是朵拉。当我放弃了长篇开场白，便让弗朗茨听电话时，她说："这不行，弗朗茨正在睡觉，我不能打扰他。""可是，他刚刚打电话给我，让我立刻联系他，这不可能啊，朵拉！"突然间，电话里传来一阵噼噼啪啪的噪声，我听到他的声音说道："哎，谁睡觉呢？蒂勒，我眼下在柏林，你记一下地址。"我们当下约定好我到他的新家第一次做客的时间。

193

　　当我挂断电话时，整个世界在我的眼里突然间变了样。为什么朵拉说，她不能叫他，说他在睡觉，可他明明醒着，而且那么快就拿起了电话！为什么呢？为什么她要撒谎？我没有想到，这里面可能另有隐情。从那一刻起，我对朵拉的态度彻底改变，她失去了在米里茨时曾经拥有过的我对她的信任。

　　于是，在这个星期天，我去了斯特格利茨。朵拉打开门，在简短的客套之后，我推开了通往弗朗茨房间的门。在我探望他的过程中，朵拉一直都没有在场。房间布置得漂亮又朴素，我注意到一只木雕的日本鸟，样子很单薄，形状扁平（实际上，它更像是一只比目鱼），悬挂在房间中央的吊灯下，随着气流微微地飘动。当弗朗茨看到我在观察这只鸟时，脸上绽放出笑容，说道："哈，当然，这只鸟是你的了，你把它放在你的房间里，和红色的碗放在一起。"他爬上桌子，摘下小鸟，递给了我。又有一样弗朗茨的东西被我抢到了我的世界！

　　可是，我的世界看来格外残酷。我母亲的神经状况出现了严重的恶化，她已完全失去了对自己的控制。因为某件小事，天知道为什么，我根本没搞清楚真正的原因，她整个人就突然失控，把红色的碗和木雕小鸟摔成了碎片。

　　我病倒了，在床上躺了很久，读了很多书，整天只梦想着重新爬起来，去见弗朗茨。我的心情沉重而沮丧，而且，我当时恰好沉浸在陀思妥耶夫斯基的《罪与罚》的世界里。在这阴郁的情绪里，我突然听到有人含糊不清地问起我的名字，在我面前，站着一位信使。他是弗朗茨派来的，带给我一份礼物。

那是一盒弗尔斯滕贝格巧克力。弗朗茨用修长清秀的笔迹，在盒子上写了这样几句话：

194

> 我寄给你这些糖果不是因为它有多高级，它可能不值多少钱，可它是魔法糖果。你甚至不用动它，你就安静地躺在沙发上，把盒子打开，放在身边。不管从斯特格利茨到你那里有多远，我都会一块块把它放进你嘴里，就像我坐在你旁边一样。试试看！

对我来说，这是多么大的安慰啊。

周日的一天，我带着内心巨大的恐慌醒了过来，我有一种预感，弗朗茨的情况很糟。因为我周日休息，正好可以过去确认一下。

朵拉给我开了门，这一次，她说的话比平时要多："我不能让你去见他，弗朗茨病得很重，他在发烧，我们可能得把他送到奥地利的疗养院。而且更何况，弗朗茨现在正在睡觉。"我当即决定，一定要见到弗朗茨，然后平静地对她说："我会等他睡醒，今天是星期天，我有时间。"她大概感觉到了我的决心，没有搭话。我坐在他房门对面的椅子上等着。朵拉偶尔进去，轻手轻脚的，一言不发。我坐在那里，问自己："这可能吗？他会病得这么重吗？啊，亲爱的上帝，不能这样！"

突然间，朵拉打开了门，弗朗茨站在屋子中央，穿着酒红色的浴袍，轻声说道："来，蒂勒，今天我感觉不太好，而且我们很快就要离开了，朵拉会告诉你我们的地址。但是在告别前，我想给你一样东西。你知道克努特·汉姆生 ①

---

① 克努特·汉姆生（Knut Hamsun，1859~1952），挪威作家，1920年诺贝尔文学奖获得者。主要作品有《大地的成长》《神秘的人》《饥饿》和《在蔓草丛生中的小径》等。

的《秋天的星空下》吗？"他从书架上把书取下，塞到我手里。

当我抬起头望着他的脸时，我知道了一切！所有的一切。我再也见不到他了，在死神面前，他已在劫难逃。

我与弗朗茨·卡夫卡在一起的生活

朵拉·迪亚曼特 [129] 的回忆

　　我第一次遇见卡夫卡是在波罗的海海滨，那是在 1923 年的夏天。那时我还很年轻，只有十九岁，作为志愿者在柏林人民之家的一处度假营工作，地点在什切青 [130] 附近的小镇米里茨。有一天，我在海滩上看到一家人在玩耍，是一对父母和两个孩子。那个男人引起了我的注意，他的形象让我久久难忘。我甚至跟在这家人后面进了城，后来我又再次遇见了他们。一天，度假营发布通知，作家弗朗茨·卡夫卡博士会来这里吃晚餐。当时我正在厨房干活。当我在忙碌中抬起头时——当时屋里光线已经变暗，有个人站在窗户外面——我认出了海滩上的那位先生。然后，他走了进来，我不知道那是卡夫卡，也不知道我在海滩上见到的和他在一起的女子是他的妹妹。他用温柔的声音对我说："这么娇嫩的手，竟然要做这么血腥的工作！"（卡夫卡当时是素食者。）晚上，我们大家坐在长桌旁的长椅上。一个小男孩站起身，走出去时有些慌乱，结果摔了一跤。卡夫卡用赞赏的目光对他说："瞧你摔倒得多么灵活，爬起来也多么灵活！"当我后来回想起这些话时，我觉得他是想用它来表达，一切都可以挽救——除了卡夫卡。卡夫卡已经无药可救。

　　他身材高大修长，有着深色的皮肤，步子很大，以至我最初以为他身上有一半印第安人血统，而不是纯正的欧洲人。他走起路来有些摇晃，但身子始终挺直。只有他的脑袋总是向一侧微微倾斜，他的样子就像是一个始终与某种身外之物保持联络的独行者。这不是简单的倾听，其中还蕴含着一些饱含柔情的东西。我更愿意把它描述为一种对人际关系的渴求的外在表现，仿佛他想告诉人们："我一个人是无足轻重的，只有在与外界的联系中，我才算得上点儿什么。" 196

卡夫卡为何会给我留下如此深刻的印象呢？我来自东方，性格阴郁，是陀思妥耶夫斯基笔下的那种充满梦想和预感的人。我对西方世界的事情早就有不少耳闻，例如西方人的知识和见解以及生活方式等。于是，我怀揣强烈的求知欲来到了德国，并且在这里收获良多。但与此同时，我总是萌生出一个念头，或许我也可以给予这里的人们某些他们需要的东西。当战争灾难结束后，每个人都希望通过东方获得拯救。可我是一个从东方逃出来的人，因为我相信西方才是光明所在。后来，我的梦想变得不再像过去那样美好，欧洲让我的期待落了空，这里的人们总体上都很焦虑，他们身上似乎缺少些什么。在东方，人们知道人是怎么回事，也许那里的人无法像西方人一样在社会上自由地活动，对自我的表达也不擅长，然而他们对人类与世间万物的和谐统一却深有领悟。当我第一次见到卡夫卡时，他的样子立刻满足了我对人类的想象；而卡夫卡也注意到了我，他似乎对我也有某种期待。

他的脸上最有特点的是一双眼睛，当他讲话或倾听的时候，总是把眼睛睁得大大的。他的目光并不像有些人所说的那样战战兢兢，而更多是流露出敬重之意。他有一双羞涩的棕色眼睛，讲话时两眼放光。他的眼神中带着一丝幽默，这种幽默并不是嘲讽，而是俏皮，好像他了解某些其他人不知道的事情。但是，这种眼神绝对与庄重无关。他讲话时的样子总是很活泼，而且总是滔滔不绝。他和人谈话时的表达方式，就像他的作品一样富有画面感。每当他把头脑中幻想的事物用语言生动地描绘出来后，就会像一位工匠成功完成了作品一样显

197 得心满意足。他的手腕很细，手指细长优雅。当他讲述一段故事时，这些手指会变得十分灵动，伴随他讲述的内容，仿佛会说话一般。他更多是用手指讲话，而不是手。我俩经常会一起玩手影游戏作为消遣，他在这方面有着很高的技巧。卡夫卡总是很开朗。他很爱玩，是个天生的玩伴，总是有一些调皮的鬼点子。我不认为忧郁是他身上的突出特征。抑郁情绪出现的次数并不频繁，而且大多都有直接的诱因，而这些诱因也总是十分明确。例如，他每次从城里回来的时候，情绪往往十分低落，整个人都气鼓鼓的。当时，正是通货膨胀时期。外部生活环境的恶劣让卡夫卡吃尽了苦头，可他对自身却要求甚严。他认为，自己不应当对身边发生的事情抱着事不关己的态度。于是，每次去城里对他来说都变成了一次受难，他的身体几乎因此而崩溃。他经常会排上几个小时的长队，而且不仅仅是为了采购，也是出于一种简单的感觉：这里流淌着殉道者的血，所以他也要让自己和他们一起流血，并通过这种方式来体验与苦难大众同舟共济的感受。在我看来，这正是《审判》一书的核心主题：他在书中对 K 做出审判，因为后者不肯把自己的人生变成一场终身苦刑。然而，人只能活在"苦刑"之中，在最后的审判面前，没有人能够被赦免。这些都是我的解读。当时，卡夫卡曾经对我说过："谁又能改变这一切？我们有黑尔费里希、希法亭，还有拉特瑙——可是既没有拯救，也没有建议！"① 在他看来，这些人不敢直面问题，而是竭力用华丽的词

---

① 卡尔·黑尔费里希（Karl Helfferich），德国政治家、经济学家与财政专家，曾任德意志帝国财政部部长；鲁道夫·希法亭（Rudolf Hilferding），奥地利马克思主义经济学家、魏玛共和国时期社会民主党首席理论家、政治家、内科医生，社会民主党二十世纪最重要的理论家；瓦尔特·拉特瑙（Walther Rathenau），德国实业家、政治家、作家，在魏玛共和国期间担任德国外交部长。以上三人皆为卡夫卡同时代的名人，其姓氏均以德语"拯救（Hilfe/Helfer）"、"建议（Rat）"作为词根。卡夫卡在这里提到这三人，是借文字游戏来嘲讽。

藻来掩盖整个悲剧。

我们在柏林居住时，卡夫卡经常到斯特格利茨公园去。我有时会陪他一起。有一天，我们遇到一个小女孩，她不停地哭泣，看样子非常绝望。我们和她聊了起来。弗朗茨问她为什么伤心，然后我们得知，她弄丢了她的洋娃娃。他当即编造了一个合理的故事，来解释洋娃娃的失踪："你的洋娃娃只是出门旅行了，我知道，她给我写了一封信。"小女孩有些怀疑："你带着那封信吗？""没有，我把它放在家里了，可我明天会把它带给你。"这个充满好奇心的小女孩马上就把她的烦恼忘记了一大半。弗朗茨立刻跑回家，开始写信。

他以极其认真的态度投入了工作，就像在创作一部作品一样。每当他坐到写字台前时，都是处于这样的紧张状态，不论要写的是一封信还是一张明信片。而且，这次他要做的是一件如假包换的正经事，和其他工作一样重要，因为他要不惜代价不让这个孩子失望，并真正感到心满意足。也就是说，他必须用虚构的真相让谎言成真。第二天，他把信交给了在公园等待他的小女孩。由于小家伙不识字，他为她大声朗读了这封信。布娃娃在信中解释说，她已经厌倦了总是生活在同一个家庭里，并表达了想要换个环境的愿望，用一句话来讲：她想和这个疼爱她的小女孩分开一段时间。她还承诺，每天给女孩写信——而卡夫卡确实每天写一封信，讲述各种新鲜的冒险经历，随着布娃娃的特殊生活节奏，这些冒险进展得十分迅速。短短几天后，小女孩已经忘记了丢失玩具带来的失落感，而一心只想着那些取而代之的虚构故事。弗朗茨用细致入微和富有幽默感的方式写下这部长篇故事中的每一句话，把布娃娃的境况描写得活灵活现：布娃娃长大了，上学了，结识了其他人。她向女孩反复重申对她的爱意，但同时提到她生活中面临的复

198

杂情况、其他责任和兴趣，这些因素使得她眼下无法回家，重新与女孩共同生活。她让小女孩考虑到这一点，并为不可避免的放弃做好准备。

199 　　这场游戏至少持续了三周。弗朗茨每每想到该如何结束这场游戏，都会感到非常害怕。因为这个结局必须是一个真正的结局，也就是说，它必须帮助女孩建立新的秩序，以代替丢失玩具所造成的混乱无序。他琢磨了很久，最终决定让布娃娃嫁人。他先是描写了一位年轻男子，然后是订婚仪式和婚礼的准备，之后又详细描述了这对年轻夫妇的新房："你肯定会明白，我们未来不得不放弃再见的机会。"他用艺术的方式解决了一个孩子面临的小小的纠结，这是他个人所拥有的为世界带来秩序的最有效手段。

　　我们先是住在斯特格利茨，然后搬到了策伦多夫，最初是一个房间，后来有两个。我们从第一个公寓搬出去，是因为女房东的缘故。在《小妇人》中，卡夫卡对她有过这样的描写："完全是出于反感，出于无休无止、永远催促着她的反感，她才和我打交道。"

　　卡夫卡必须写作，因为写作是他生命中的空气。他用每日写作的节奏，呼吸着它。当人们说他写了十四天时，这就意味着，他连续十四个黄昏和夜晚都在不停地写作。通常在他开始写作之前，他会闷闷不乐地走来走去，很少说话，没有食欲，对任何事都提不起兴趣，情绪非常低落。他只想一个人待着。起初，我对这种情绪并不理解，后来我总是能事先感觉到，他何时开始写作。在平常时候，他总是对各种微不足道的事情也表现出浓厚的兴趣，但在写作的日子里，这种兴趣却消失得无影无踪。我只能根据不同的紧张程度，通过颜色对比将这些日子来加以区分：紫红色的日子，深绿色的日子或蓝色的日子。

后来，他很喜欢我在他写作时待在房间里。有一次，他在晚饭后开始写作。他写了很长时间，虽然电灯亮着，可我却在沙发上睡着了。后来，他突然坐到了我旁边，我醒来时，一眼便看见了他。他脸上的神情发生了明显的变化：精神紧张的痕迹清晰可见，以至于他的脸完全变了样。

200

他临终前的小说之一《地洞》[131]，是在一个晚上写成的。当时是冬天。他傍晚很早便开始写作，大概在凌晨时分完成，后来又对它进行了一番修改。他半开玩笑半认真地告诉我，这是一个自传式的故事，它所表达的或许是对回到父母家和结束自由生活的预感，这种预感在他身上引发了一种慌张的恐惧感。他向我解释说，我是《地洞》中那处"城堡广场"。他经常会把他写的东西念给我听，但从来不会加以分析或解释。有时候，我感觉这些文字似乎充满了幽默感，并夹带着某种自嘲。偶尔他会说："我很想知道，我是不是摆脱了那些幽灵！"他把来柏林生活之前令其饱受折磨的一切，都统统归入"幽灵"的行列。他对这种想象简直像着了魔一般，这其中还包含着一种富有挑衅性的反叛意味。为了让灵魂摆脱这些"幽灵"，他想把写下的东西都付之一炬。我尊重他的意愿，当他生病卧床时，我当着他的面烧掉了他的一些作品。他真正想写的东西，将在他获得"自由"后才会出现。文学对他来说是神圣的，绝对的，不可侵犯的，纯粹而伟大的。卡夫卡认为的"文学"并不是日常文学。由于他对生活的大多数事情都不大确定，因此在表达时，他往往表现得非常谨慎。然而当涉及文学时，他绝不会让步，不接受妥协，因为这件事关系他的整个存在。他不仅想要探寻事物的本质，他本身就在本质之中。在解决人类困境的问题上，他绝不肯半途而废。他眼里的生活是一个找不到出路的迷宫，因此只能不断陷入绝望。对他来说，一切都和宇宙的根源息息相关，就连最平常的事物也不例外。这种观点，这种对生命完整性的渴望，在东方并不陌生。在东方，人们认识到在精神层面存在着某些前提条件，如果一个人不想失去活下去的能力，就必须无条件地满足它。卡夫卡感觉到了这一点。而西方人忘记了这一点，所以才被上帝所抛弃；正因如此，才发生了我们经历过的这一切。在我看来，这大概是人们今天对卡夫卡如此感兴趣的原因之一：对上帝离弃我们的意识。

有人指责我烧毁了卡夫卡的一些作品。那时候我还很年轻，年轻人总是活在当下，最多只考虑未来。说到底，对他来说，一切都只是自我解放的手段；而在柏林，卡夫卡的确相信自己已经摆脱了以往的暴政。但是，早年的那些问题仍然与他的生活紧密相连。只要触动其中的一根琴弦，其他所有琴弦都会与它发生共振。他的内心生活深不可测，且不堪忍受。他并不真的仇恨布拉格，他说起这座城市时，与一个欧洲人说起欧洲时并无不同。最让他苦不堪言的，是害怕自己再次陷入父母的桎梏之中。这种桎梏威胁着他的"地洞"，他也因此生活得格外节俭。他想让自己习惯于一种斯巴达式的生活。在柏林，他一度相信自己已经找到了一种消除身心困扰的个人解决方案，并希望通过它来拯救自己的生活。他想要成为一个普通、平凡的小人物，没有特殊的愿望和欲求。我们制订了许多计划：有一次，我们考虑开一家小餐馆，由他亲自做跑堂。通过这种方式，可以观察周围的一切，而又不会被人看到，就像置身于日常生活的中心一样。实际上，他已经在做这件事，尽管是按照自己的方式。

他非常注重穿着。在他看来，随便系上一条领带就到任何地方去是一种不礼貌的行为。他的西装是由一流的裁缝为他量身定制，他会为穿衣花上很多时间，但并不是出于虚荣心。他用审视和批判的眼光在镜中观察自己，这绝不是因为自恋，而是为了避免引起周围人的反感。

202

朵拉·迪亚曼特

　　他非常喜欢出门采买，因为他热爱平凡的普通人。他手持购物篮或牛奶罐的样子，在我们居住的地区是人们早已熟悉的一幅场景。上午，他往往独自去散步。他的一天被精细地做了安排，而一切都是围绕着他的作家工作。他在散步时，总是带着一个笔记本，假如偶尔忘记，他就会在路上买个新的本子。他热爱大自然，虽然我从没有听他这样明确讲过。

　　他珍爱的物件中，有一个是他的怀表。当我们因为电灯问题与女房东发生争执时——因为他经常整夜写作——我买了一盏煤油灯。他很喜欢它令人振作的柔和光芒，总是亲自给它添加煤油。然后，他还喜欢拨弄灯芯，而且还会不断发现这盏灯的新优点。相反，他很讨厌电话，为它的铃声感到烦恼。因此，所有的电话都得由我来接听。我觉得，机器和所有机械设备都让他感到不安。他非常喜欢我的日历，上面每一天都写着一句格言。后来，我俩都有了自己的日历，有时候，为了某些特殊的事情，卡夫卡经常会"向日历请教"。有一次，我在洗葡萄（他特别喜欢吃葡萄和菠萝）时打碎了一个玻璃碗，他立

203

刻拿着日历出现在厨房，眼睛瞪得大大的，说："一个瞬间可以毁掉一切！"然后，他递给我日历的那一页。真理听起来就是如此平常。他面露微笑。

尽管卡夫卡不喜欢被打扰，但我们经常会有客人到访。我还记得《文学世界》的出版人威利·哈斯（Willy Haas），还有《新评论》的编辑鲁道夫·凯瑟（Rudolf Kayser）。有一次，韦尔弗来给卡夫卡朗读他刚刚出版的新书。他们在一起待了很长时间，然后我看到韦尔弗挥泪而去。当我走进房间时，卡夫卡瘫坐在那里，喃喃自语道："居然会有这么让人难过的东西！"他也哭了。他就这样让韦尔弗走了，而没有对他的书做任何点评。每一个向卡夫卡敞开心扉的人，要么得到最强烈的肯定，要么只能换来失望——中间状态是不存在的。他对待自己的作品同样毫不留情。尽管他从未真正达到过让自己满意的程度，不过在我看来，他也从没有把自己看成个半吊子的门外汉。

在卡夫卡身边，没有人会感到不自在。相反，他吸引着每个人；当人们拜访他时，总是怀着一种庄重的感觉，蹑手蹑脚，就像踮着脚尖或走过柔软的地毯。不过，大部分时间我俩都是独处，卡夫卡经常给我朗读格林兄弟和安徒生的童话，还有 E.T.A. 霍夫曼的《雄猫穆尔》，或是赫贝尔的《珍宝匣》。比如说，那段关于矿工情人的故事。她把爱人送到矿井，然后再也没有看到他活着回来。时光流逝，她已是两鬓斑白的老妇。一天，矿工的尸体在一个矿井中被发现，因为瓦斯气体的缘故，尸体保存完好，没有丝毫变化。老妇走上前去，亲吻她的爱人。在苦等多年之后，两人同时举行了婚礼和葬礼。卡夫卡喜欢这篇小说，因为它的"完整性"，因为它就像所有伟大的事物一样自然。另外，他还喜欢克莱斯特，他可以连续五六遍给我朗读《伯爵夫人 O》。他还经常为我朗读歌德的《赫尔曼和多罗泰》，特别是诗中描写的对日常生活的热爱，对他有着格外的吸引力。但是，他还是希望能够过上一种符合自己心意的生活，并从这个愿望出发，建立起与家庭、金钱和家人之间的具体联系。我之所以在此强调这一点，是因为我还记得，卡夫卡在跟我谈起他原来的未婚妻 132 时，态度是多么冷静和客观。她是一个容貌艳丽但又十分典型的市民阶层出身的姑娘。卡夫卡感觉自己一旦和她结婚，就意味着与欧洲的所有浮华和虚伪缔结姻缘。此外，他还害怕自己将再也没有时间来写作。从另一方面看，这次订婚是他为适应中产阶层生活所做出的一次尝试，同时从某种意义上讲，这也是其好奇心的一种表现。他想要了解并亲身体验所有的一切。一次由肺结核导致的吐血，最终让他从种种疑虑中得到了解脱。

摆脱布拉格——尽管这件事很晚才发生——是他一生中的伟大成就，假如没有这个成就，他将无权赴死。对他来说，回到父母的家意味着再次成为生活的失败者。这是让卡夫卡感觉最痛苦的事情，从他沉浸其中、无法自拔的抑郁情绪便可看出这一点。

我留在了柏林。133 卡夫卡不愿意让我去布拉格，不愿让我走进那栋为他招致所有不幸的房子。对父亲的仇恨以及由这种仇恨而导致的罪恶感，是其情感症结的一部分。我相信，他肯定在梦中多次杀死了他。那段时间，我每天都会收到他的来信。这些信后来和他的日记一起被盖世太保抄走，尽管我费尽心思到处寻找，但始终也没能找到。这些信大概有三十五封。在其中一封信中，卡夫卡谈到了人类在对待自我的问题上所犯的"技术性错误"。当时，他正在研究托尔斯泰的如何寻求自我解放的问题，然后在其中发现了一些这样的"技术性错误"。

还有一次，他给我讲了他做的一个梦。他梦见强盗把他从柏林的公寓带走，关进了某处后院的一间仓库里，然后堵住了嘴巴。"我知道我完蛋了，因为你没法找到我。"这时候，他突然听到我还在附近，于是便尝试挣脱，他感觉自己已经解除了捆绑，甚至把堵住嘴的东西也成功地拿掉。他只要大喊一声，我就能听到——可就在这一刻，他被强盗发现了，他们又重新给他堵上了嘴。

卡夫卡所患绝症最可怕的地方，是在它发作时。我感觉，他几乎是在用蛮力逼迫它发作。这对他来说，就像是一种解脱：这样，他就可以对一切撒手不管了。卡夫卡对病魔的态度是主动迎接，尽管直到生命的最后时刻，他依然还想继续活下去。

他是作为病人离开布拉格的，尽管他的精神状态当时依然饱满。他妹妹把他带到了维也纳森林的一家疗养院，我在那里再次见到了他。在这里，他首次被确诊为喉结核。他无法说话，只能把所有想说的话写给我，尤其是布拉格对他的毁灭性影响。他在那里待了三个星期。随着病情恶化，他被送到了维也纳医院的一位专家那里。在那里，他和其他几位重病患者住在一个房间里。每天晚上，都有一位病人去世。他沉默地指指空床，让我知道这件事。还有一次，他指给我一位患者，一个乐观的年轻人。虽然喉咙里插着管子，可他却总爱走来走去，每次吃饭时都很开心。他留着络腮胡，眼睛炯炯有神。卡夫卡觉得他的良好食欲很有趣。第二天，他指了指空荡荡的床，可脸上的神情并不是震惊，而是愤怒，仿佛他不能理解，这个总是乐呵呵的人为什么会死。[134] 他那略带恶毒和嘲讽的微笑，让我终生难忘。

卡夫卡从医院转到了维也纳郊区克洛斯特新堡－基尔林的一家疗养院。在这里，他被安置到了一个白天阳光充足、带阳台的舒适房间。我留在那里陪着他，后来他的朋友克罗普施托克博士也来了。在这家疗养院，卡夫卡给他的父母、兄弟[135]姐妹和马克斯·布罗德等人写了几封信。布罗德也来探望了他，他是在维也纳做完一场讲座后来的，以免让卡夫卡察觉到自己的病情有多危急。在疗养院里，卡夫卡几乎不工作，而只是忙着"谈话"，[136]这些本子都必须交给克罗普施托克博士保管。在他去世的前一天晚上，他念了一些修订稿。[137]凌晨四点左右，我把克罗普施托克博士叫了过来，因为卡夫卡感到呼吸困难。克罗普施托克博士立即意识到情况危急，连忙叫醒了医生，医生给卡夫卡的脖子敷上了冰袋。第二天中午，卡夫卡去世了。那天是 1924 年 6 月 3 日。

多年来，我经常阅读卡夫卡的书，每次我总是想起他亲自为我大声朗读的样子。这时我感觉到德语对我而言是多么大的一个障碍。德语是一种过于现代、过于当下的语言，而卡夫卡的整个世界却渴望一种更古老的语言；他的身上隐藏着一种古老的意识，古老的东西和古老的恐惧。他的大脑对事物的细微差异有着敏锐的感受力，这是现代大脑根本无法做到的。他既不是某个时代的代表，也不是某个民族或其自身命运的代表。他的现实主义也并不是对日常生活的呈现，而是一种绝对的、经过压缩的逻辑；在这种逻辑里，人的寿命只有短短的几个瞬间。

1923 年与卡夫卡在柏林街头的偶遇

拉乌尔·豪斯曼 [138]

早春的一天，永恒般的晚霞映照在柏林郊区的街头。一道道铁栅栏的背后，绿色斑驳的草坪守护着一栋栋丑陋的临街房屋。

我悠闲地踱着步子，走在回家的路上。一个男人从远处迎面走来。当他走近时，我注意到这个人似乎有点特别。他的身材和我一样高大，戴着一顶宽檐帽，椭圆形的脸庞棱角分明，嘴角透着一丝苦涩，眼神明亮。

这难道是他？卡夫卡！毫无疑问，这就是弗朗茨·卡夫卡！我的脑海中涌动着无数念头——我想，我必须和他说说话。

我走到他面前，摘下帽子。

"卡夫卡先生？"

他惊讶地看着我。"您是……"

"我叫豪斯曼。"

"啊哈，那位达达主义者。"

"是的，我想问您一些关于达达主义的事情。"

他打量着我，也许我左眼戴着厚厚单片眼镜的样子看起来有些怪异。

"好啊，您想从我这里了解些什么？当然了，是我对达达主义的看法，对吧？"

"没错，您抢先说出了我要问的问题。那么，卡夫卡先生，请讲。"

我们就这样站在那里。两个世界的代表，但距离或许并不像我们两人所认为的那样遥远。

"嗯，这很难讲。我并没有看过达达主义的演出，只是偶尔读到过一些相关的文章。我对它只有一个很模糊的概念。关于布拉格产品交易所的'达达之夜'，我知道的那些事都是道听途说。但是，我从来不会凭直觉草率地做出判断。请您告诉我，您对达达主义怎么看，它对您来说意味着什么？"

"好的，我很乐意。不过，我想将它和您的思想联系起来，从中寻找一些关联。是的，一些彼此矛盾的关联，虽然这话也

208

拉乌尔·豪斯曼（右）和理查德·许尔森贝克[1]1920 年 3 月于布拉格

---

[1] 理查德·许尔森贝克（Richard Huelsenbeck, 1892~1974），德国达达主义创始人之一，既是诗人、散文家和戏剧家，也是医生和精神分析学家。1916 年春，许尔森贝克与胡戈·巴尔等人在苏黎世成立了名为"达达"的文艺活动社团，随后，达达主义在艺术、文学、戏剧和绘画等领域迅速流行起来。

许会让您感到奇怪。您肯定读过鲁道夫·卡斯纳①的著作《数字与面孔》吧？"

"是的，书中讲述的真理让我很受启发。可是达达主义，我看不出和这个有什么……"

"不，您稍等一下，因为您把'真理'这个词用到了卡斯纳身上。其实他并没有带来新的真理，他……"

"也许没有。可我还是想知道，他和达达主义有什么共同之处？他是一位形而上学者，而达达主义，这么说吧，它至少是讽刺的，嘲弄的，不把任何事情当真……"

"停，等一下，您错了，卡夫卡先生。您很快就会明白的。首先，我认为卡斯纳比您可能以为的更讲究实际。关于真理——我们这个时代只有古老的真理，新的真理大多都非常古老，一条新的真理在一千种情况下都可以追溯到古代——简单地讲，是因为，只有在极少数情况下才存在真理，也就是说，真理是一种不切实际的东西。真理通常是预设的假想，而兑现这些假想需要技术和决断力。卡斯纳的问题是人们早就熟悉的那些东西，他用自我有限性与个体无限性的矛盾代替了库萨的尼各老②的对立统一。希腊人早就懂得这一点。"

卡夫卡点点头，说：

"是的，但您要考虑到，人类也许是父权制度的囚徒。我看到了这一点，并起身反抗这个魔像（Golem）③，这个稻草

---

① 鲁道夫·卡斯纳（Rudolf Kassner，1873~1959），奥地利作家、散文家、翻译家和文化哲学家。他对英国浪漫主义诗人威廉·布莱克的译介在德语区读者中有着深远影响。

② 库萨的尼各老（Nicholaus von Cusa，1401~1464），曾任天主教布里克森教区主教，文艺复兴时期神圣罗马帝国神学家，创作了许多拉丁文论著，包括宗教和哲学著作。其最著名的论著是《有知识的无知》（1440 年）。

③ Golem，音译为戈仑，源起于犹太教，是用巫术灌注黏土而产生自由行动的人偶。而在旧约圣经中它所代表的是未成形或是没有灵魂的躯体。一些神学家相信，在上帝将灵魂吹进亚当躯体内之前，他就是一个没有灵魂的肉体，是魔像的一种形式。

人，这个古老法则的永恒后裔。我并不是宿命论者，但有些约束是我们无法逾越的。用普罗提诺 ① 的话说：抱怨世界本性的人并不知道他在做什么，也不知道他的勇气会把他引向何方。在我看来，即使是达达主义也有自己的界限。"

"我同意。但是达达主义，至少在柏林，是建立在心理学认识之上的。对我们来说，达达主义既不是啤酒馆，也不是类似舍勒 ② 或现象学派哲学的某种东西。我们发现，弗洛伊德的理论是基于一个错误的观点：俄狄浦斯并不是道德的出发点，这种道德从对弑父念头的抑制，经由'本我'，最终达到摆脱心理情结的目标。我们是以奥托·格罗斯 ③ 的思想作为出发点，即每个个体的成长主线都是从自身事物（das Eigene）与陌生事物（das Fremde）的复杂关系开始的，在我们社会中，个体必须不断去反抗由家庭维系的自卑意识。达达主义只是把这些认识搬到了大众化、讽刺和自我消解的层面。如果把它应用到艺术家身上，我们就可以帮助他摆脱外部权威。"

"非常有趣。特别是因为，我恰好认识奥托·格罗斯本人。不过，我们别总是站在这条街上不动，而且我还要到动物园车站去。请原谅，也许您可以陪我走到皇家大道拐角的地方，我在那里搭乘有轨电车。"

"当然，我很乐意，咱们走吧。"

"这一切对我来说都很新鲜。我原来不知道，达达主义者

210

---

① 普罗提诺（Plotinus，204~270），又译柏罗丁，新柏拉图学派最著名的哲学家，被认为是新柏拉图主义之父。

② 马克斯·舍勒（Max Scheler，1874~1928），德国著名现象学哲学家，在现象学早期是地位仅次于胡塞尔的现象学泰斗，海德格尔曾说：舍勒是全部现代哲学的最重要的力量。

③ 奥托·格罗斯（Otto Gross，1877~1920），奥地利精神分析学家，曾是弗洛伊德的早期信徒，后来成为无政府主义者，加入了瑞士阿斯科纳的乌托邦式社区。

竟然对精神分析这么感兴趣。我当然也了解这些理论，但我觉得这当中包含着很多令人反感的东西。而且我也没有看到，它们在现实中真的具有消除心理症结的作用。您对心理症结的消除怎么看？在我看来，作家所采取的手段并不像科学家那么特殊，那么有哲理，我经常采用的'譬喻形式'与神话很接近，并且指向某种形而上学。在个人努力与抵抗社会压力之间，存在着一种彼此互补的协调关系；除了艺术创作，再没有其他手段能够化解这些压力。在达达主义中，我却看不到这一点。"

"您看，达达主义是个人与大众意识形态的爆发，它通过对'客体'的解构与重塑以及对'现实'的构想，为所有视觉艺术指出了新的可能性。在这一问题上，您的观点和达达主义在某些方面是彼此契合的。您对心理学的应用方式，不是像让·保罗等人主张的那样，而是将其视作既成事实。我们做的事也是一样，我们是把这些思想作为建构的材料。我们停止了描绘，摒弃了修辞。对我们来说，瓦尔泽所代表的文学观是不可接受的。如果文学或艺术不过是个体不断变化的装束，那么在我们看来，这种自我呈现就不是创造，而是纯粹的无用之物。"

我们朝着电车 F 线的车站一路走去。

"恕我直言，我并不完全同意您的观点，尽管您的想法并非全无道理。艺术家，特别是作家，在面对读者时通常都是戴着面具。他从不会彻底地暴露自我，就像您或许希望的那样。在我看来，达达主义同样也是把自己隐藏在讽刺的面具之后。我认为，在读者和艺术家之间保持一定的距离是有益的，这样才能让个体的特殊性成为更广泛的具有象征性的目标对象。如果达达主义放弃这种'中间的连接'，而直接面向受众，也就是'他者'，这种做法在我看来更有可能会成为影响交流的一种障碍，这样反而和你们所有人所期望的结果背道而驰。此外我坚信，这种交流在形而上学的层面上是不可或缺的，因为对个体而言，如果缺少对某种不可摧毁之物的坚定信任，是根本无法活下去的——而达达主义也许破坏得太多了。您指责和控诉，而我不会。我从不试图说服，也从来没有一套像达达主义那样的体系，这种东西只会让我感到恐惧。我更愿意选择寓言和譬喻。"

时间不多了。我斗胆再次发出挑衅。

"达达主义从来都是置身于本体论式的简化以及表现主义潮流和主张之外，同时也远离象征主义，它所凭借的是其持久的革新能力。它的历史意义是不可否认的。"

一辆有轨电车呼啸而至。卡夫卡向我伸出手："豪斯曼先生，您刚才向我简要介绍的这一切，对我来说都是新奇的。我也感觉到，您和我对生活——而不是对艺术——的态度似乎存在某种关联。其中的关键也许是对传统的超越。我也很欣赏达达主义者在捍卫自身观点方面所表现出的个人勇气。但是，我肯定无法也不可能成为达达主义者，这不符合我的天性，对此，您想必能够理解。"

在售票员的一阵铃声后，有轨电车停了下来。"很高兴认识您，下次再见。"

我们各自摘下帽子，向对方行礼。

"再见，卡夫卡先生。"

我看着他轻松地走上月台，售票员摇动铃声，电车在轰隆声中启动——卡夫卡和电车一起缓慢地朝着皇家大道的方向驶去，消失在一片茫茫的暮色之中。在那里没有重逢。

去卡夫卡家出诊的一次经历

路德维希·内尔肯的回忆

埃里克·戈特格特罗伊 [139] 记录

"他带着和蔼的微笑，把身子倚靠在窗台上，那模样就像是可怜我，想要跟我说：为什么要把你的时间和才华浪费在我身上，年轻人，我已经没救了……"

耶路撒冷名医路德维希·内尔肯博士在回忆起他到卡夫卡家出诊时的情景时，这样说道。当时，卡夫卡住在柏林郊外费希滕格伦特区一间配有全套家具的出租房里，这是他在这座城市的第三处住所。这次拜访发生在 1924 年 3 月，距离卡夫卡1924 年 6 月 3 日去世只有不到三个月的时间。促成两位男士会面的，是卡夫卡的最后一位伴侣朵拉·迪亚曼特。朵拉是几年前在内尔肯博士的老家布雷斯劳第一次与后者相识的，她在第一次世界大战期间从家乡波兰来到了布雷斯劳。据内尔肯博士回忆，朵拉最初讲意第绪语，但很快就学会了德语。她是一个漂亮、聪明的女人，她与犹太教的密切联系对一群年轻的犹太人产生了影响，不然的话，这些人很有可能会加入同化者或左翼人士的阵营。

当内尔肯博士在柏林再次见到朵拉时，他正在犹太医院为赫尔曼·施特劳斯（Hermann Strauß）教授做助手，而朵拉则是柏林犹太教正统派社团的领导之一赫尔曼·巴特博士（Dr. Hermann Badt）家里的管家；后者是普鲁士内政部的高级官员，是获准出任普鲁士国家公职的第一位犹太人。

内尔肯博士曾在原"普鲁士贵族院"的一次左翼集会中

听过朵拉的演讲，那场集会的另一位演讲者是著名社会主义作家安格里卡·巴拉巴诺夫（Angelica Balabanoff）。但朵拉主要关心的是犹太人问题，她在西格弗里德·雷曼博士领导的柏林"犹太人民之家"担任护理员，这是一家为东欧犹太移民子女提供服务的机构。后来，雷曼博士在以色列创办了本－谢门青年村。1923年夏天，朵拉陪同一群来自"人民之家"的孩子前往波罗的海岸边的米里茨小镇度假，并在那里第一次遇到了卡夫卡。卡夫卡被她的纯真个性和聪慧所吸引，但令他着迷的，显然还有朵拉根基深厚的犹太教信仰、对哈西迪派传统的了解和希伯来语知识。在米里茨时，朵拉曾给卡夫卡朗读过《以赛亚书》中的一章。

大概在1924年3月初，朵拉给犹太医院的内尔肯博士打电话，请他到家中探望，并为卡夫卡进行身体检查。内尔肯博士回忆说："当我走进他的房间时，他并没有卧床。但是，他的状况很糟糕。假如当时已经有链霉素或其他任何一种对治疗结核病有效的药物，就万事大吉了。可那个时候，我所能做的一切，只是给他开一些缓解咳嗽和其他症状的药物"。

当内尔肯博士拒绝为他开具账单时，卡夫卡送给他一本有个人签名和题词的书作为纪念。这本书并不是卡夫卡自己的作品，因为这不符合他一贯的谦逊风格，而是格奥尔格·齐美尔（Georg Simmel）的一本关于伦勃朗的论著。[140]

内尔肯博士后来再也没有见到过他的病人。就在这个月的月底之前，朵拉和卡夫卡便搬到了布拉格，然后又从布拉格转去了维也纳郊外的基尔林疗养院。在那里，卡夫卡在饱受肺结核和喉结核引起的疼痛折磨后，最终撒手人寰。

作者和他的朗读者

路德维希·哈尔特 [141] 的回忆

　　我最后一次见到弗朗茨·卡夫卡，是在他去世大约一年之前。当时，我向这位罹患重疾的病人建议，和我一道前往意大利。临别时，他把正在阅读的一本描写西伯利亚的书送给我，在上面写下了这样的题献："为我们共同的意大利之行做准备。"

　　还有谁能用如此温柔的方式，来暗示一项计划的渺茫无望？你是否能够透过这份献辞，感受到他的微笑背后的痛楚？也许他是想用微笑来掩盖他的厄运，而且不仅在面对陌生人时如此。这微笑吸引人们走近他，因为这是一种发自内心的笑容，可以让他暂时获得解脱，并将他包裹在一种近乎世俗的平淡氛围中。啊，这是怎样的一种解脱啊：请他的病魔给他一些安宁，向它们调皮地眨眨眼，让自己的气色看上去还不错！身边能遇到这样一个人，这感觉是多么令人愉快！

　　举个例子，当时有一个驼背的小姑娘，是他在布拉格炼金术师巷的一间小屋中创作大部头小说时的房屋管理员。[142] 她对作家弗朗茨·卡夫卡几乎一无所知，就像其他人一样。但是，她对这个人却十分崇拜，她把他每一张亲手写下的小纸条都用心珍藏，绝不肯出让，即使是生活窘迫时，哪怕有人给出天价，也不曾动心。这些小纸条上的内容，都是卡夫卡请她帮助整理家务时顺手写下的问候或玩笑："我昨晚是在扶手椅上睡的，别以为我会自己叠被子！"这句话是用捷克语写的（那女孩不懂德语）。事实上，卡夫卡整个通宵都在写作。

这种含蓄婉转的方式，与他对别人的问题不愿给出直截了当的回答时所采取的做法如出一辙。有一次，我去他的办公室找他，他不在，他的帽子放在桌子上。当他走进屋时，我告诉他，这个帽子完全可以代表他。像这样的时候，人们一定会听到卡夫卡的笑声。这笑声很大程度上表达了他对自己的职员身份所持有的矛盾态度。后来，当我忍不住问他，身为作家，他为什么要从事一份小职员的工作时（他当时在布拉格一家劳工保险机构担任副文书），他回答说："我觉得，老板挺喜欢我。"

路德维希·哈尔特

我不妨在这里讲两段插曲，它们对卡夫卡来说颇具代表性：一次，他想去看望他的朋友马克斯·布罗德，结果发现布罗德的父亲在门厅里睡着了。他吓了一跳，感觉自己惊扰了一个人"神圣的睡眠"。于是，这位作家一边踮着脚尖往屋里蹭，一边嘟囔着："抱歉，请把我当作一个梦。"[143]

卡夫卡身为坚定的素食主义者，在医生的建议下不得不吃肉。可他有一次吃肉吃坏了肚子，于是，他又很高兴地回到了素食主义。在这段时间，他去过一次柏林的水族馆。他凑近水池边，对鱼儿们说："现在，我又可以安心地看着你们的眼睛了。"他没有意识到，他的同伴们听到了这句话。但愿圣人卡夫卡能够原谅这些人，无意间听到了原本只是说给鱼儿们听的话。

"家庭不再能够通向上帝"——或许没有谁能比卡夫卡更深刻、更绝望地体会到里尔克这句话的含义。有一次，我在他的病床前为他朗诵马蒂亚斯·克劳迪乌斯①的诗歌，卡夫卡说："唉，要是能活成他那样就好了！"事实上，弗朗茨·卡夫卡与这位虔诚的诗人的确有许多共同之处。他的天性中最令人感动的品质，是他的单纯、真诚、富有同情心，以及天真和质朴。这些品质与克劳迪乌斯的虔诚十分相似，甚至一般无二。这些品质长期以来一直鲜为人知，因为对世人来说，他们更愿意像猜谜一样，围绕卡夫卡作品中那些复杂丰富、无法参透的譬喻去进行破译。他们当然可以这样做，只是在此过程中，他们务必要意识到一点：如果缺少了某些特质，卡夫卡的作品根本不会存在——这些特质便是无所羁绊、真实与纯粹。而他所面对的，是一个拥有魔法般力量的法庭；他一次又一次站到它的面前，并认定自己将永远无法获得恩赦。他所拥有的天赋，或许是对其难以想象的沉重人生的一种补偿。正是从这种特殊的天赋中，孕育出这些如钻石般璀璨的散文作品，在更高的境界里，它们光芒四射。为了达到这个境界，他苦苦挣扎——其付出的努力，在我们这个时代大概无人能及——直到耗尽所有精力，并最终在死亡中获得解脱。

因此，即使对他的批评者来说，引用他的话也充满了危

---

① 马蒂亚斯·克劳迪乌斯（Matthias Claudius，1740~1815），德国诗人和记者，以民歌风格的抒情诗闻名。

险。他只需一句话、一个警句、一个最深刻的"否定",便能将这些摆着"舒服"的姿势、对一个把写作当成"祈祷的一种形式"[144] 的男人所做出的观察炸得粉碎,并化为乌有("她们在他的坚定面前消失得无影无踪,而就在他最靠近她们的那一瞬间,他对她们的存在就一无所知了"①)。对批评家来说,他们的所作所为往往就像是一位观看写实战争片的观众,舒服地靠在椅子上,用或多或少"专业"的方式观看一场生死之战。

"感谢您带给我的心跳时刻",这是卡夫卡在一次文学朗读之夜活动上第一次听到我的朗诵后,给我写下的一句真挚话语(尽管我多年来经常会朗读他的作品)。那是 1919 年,[145]地点是布拉格的莫扎特音乐学院。当晚的节目单上写着:克莱斯特、约翰·彼得·赫贝尔、罗伯特·瓦尔泽和弗朗茨·卡夫卡的散文小品(据我所知,前三位是卡夫卡最喜爱的作家)。因此,卡夫卡也在听众当中,于是我在这天晚上有幸结识了他。他向我坦白道,当他听到我用故作庄严的口吻朗读罗伯特·瓦尔泽的那段话时,笑得乐不可支:"如果您看到女收银员在吃面包或香肠,您不必厌恶地转身离开,而是应当立刻想到,她吃的是晚饭。"他说,我念到"晚饭"(Abendbrot)这个词时,发音听起来和"夕阳"(Abendrot)一模一样。然后,他补充道:"在我的书里,您也会发现类似的地方:父亲对他的'十一个儿子'中的一个说,后者击剑的姿势令人心醉神迷——当人们听到'心醉神迷'这个词时,简直可以看到一个人拔剑的画面。"② 卡夫卡去世后,当我向他的妹妹奥特拉说起这件事时,她说:"这不是真的!这肯定是您杜撰的!"但

217

---

① 摘自卡夫卡短篇小说《海妖们的沉默》,叶廷芳译。

② 这里的"心醉神迷"(entzücken)和"拔(剑)"(zücken)是同一个词根,所以会引发听者这样的联想。

是，当我向她保证这件事的真实性时，她说："请您原谅，这对我来说太让人难以置信了。我哥哥这辈子从未拿自己的作品和他人作品进行过比较，这不符合他的天性。如果他在您面前破例这么做，那他一定是对您有特别的好感。"

假如一个人听说过下面这段故事，他对卡夫卡妹妹的怀疑就不会感到奇怪：卡夫卡为了治病在上塔特拉山疗养时，在他的旁边住着一位 K 姓医生。在连续数周每天见面后，K 问道："请问，您莫不是创作小说《乡村医生》的那位弗朗茨·卡夫卡？"卡夫卡听后，神情似乎有些崩溃，他悲伤地转过头，绝望地把双手搭在一起，喃喃自语道："又来了！"在此之后，人们意识到，他肯定是不愿意听到别人谈论他的作品。我自己也是出于这种感觉，而从未问过他任何这方面的问题，尽管我今天时常会为此感到遗憾。（哦！假如他看到在这片"遥远的大陆"竟然有四十个作家同时"扑"[他八成会用这样的词]向他，这样一个"手无缚鸡之力的人"[他想必会用他的方式，再补上这样一句]，肯定会摇着头，露出无奈的笑容。）

因此，他肯定不希望看到我朗读他的作品。对他来说，朗诵这件事或许太有诱惑力，而他的作品绝不应该也绝不能够是一种诱惑。可我还是这样做了，但愿他没有为此而责怪我。我这样做是为情势所迫，也是源于对其笔下叙事的单纯迷恋。这叙事中的每一个字，都是神来之笔。在恢宏纯净的散文式的笔调中，在平静的起伏之下，纠缠不休的梦境将人拖入无底的深渊和神秘的秩序中；在这里，具有崇高意象的谜团透过不可溶解的结晶得以映射，人的良知通过图像和深奥而明晰的奇异之态发出呻吟。

对于我极力想把他当时鲜为人知的作品介绍给世人的做法，他从内心里或许是拒绝的，但是其令人感动的友善却让他做出了另一种反应。那天我俩初次会面后，第二天一早，他给我带来了一本赫贝尔的《珍宝匣》儿童版。当我请他为我写上几句简短的留言时，这位文学大师立即毫不犹豫地写道："送给路德维希·哈尔特，以博赫贝尔一笑。"虽然这句话听起来有些戏谑，可它同时不也是一份崇高的荣誉吗？这是吸纳我加入作家"兄弟会"的最高勋章——从此，我便成了弗朗茨·卡夫卡的兄弟，向其人其作宣誓效忠。

假如他听到这样的誓言，他是会微笑着倾听，还是用不再颤抖的手指着自己的胸口，重复他曾经写给我的那句话："看来还是古训说得对：面对一个步入迷途的家伙，每个人都想出手去拯救他！"然后，我大概会用一位诗人的话回应他，这句话可以作为警句，铭刻在那座写着他的名字的丰碑之上：

"何来胜利可言？

挺住就是一切。"①

---

① 诗人里尔克的名言，德语原文是：Wer spricht von Siegen? Überstehn ist alles.

最后的日子

一位护士的回忆
威利·哈斯 [146] 记录

一位女士给我写来一封信，她是护士安娜，曾在克洛斯特新堡郊外基尔林小镇的霍夫曼博士疗养院中对卡夫卡进行照料，直到后者于 1924 年 6 月 3 日去世。她不希望我向外界透露她的全名。尽管她之前对卡夫卡一无所知，但是她那颗朴素仁慈的心灵，却明确感受到了这个人物的伟大和不凡。或许正是这样的一颗心灵，才使得她在卡夫卡去世后阅读他的书时，能够对许多本质的东西获得更准确、更深刻的理解，这是普通的文学评论家根本没有能力做到的。是她，担负了为死者阖上双眼的悲伤任务。"关于作家弗朗茨·卡夫卡，我没有能力做出评价"，这位谦虚的女士说，"但是作为一个人，他是唯一令我终生难忘的病人，他的死从过程来看虽然很平常，但却震撼人心，让我们所有守在病床边的人都流下了眼泪。"

卡夫卡当时已病入膏肓，他患有喉结核和肺结核，后来又患上了肠结核。在他身边陪护的有朵拉·迪亚曼特，一位年轻的女演员，她让这个饱受折磨的人最终获得了心灵的宁静；还有一位年轻的好友，医生克罗普施托克博士。后者日夜守护在病榻前，对卡夫卡而言，他在很多方面都扮演着重要的角色。正如我们所知，两人曾就困扰卡夫卡的一个核心问题展开深入讨论，这便是克尔凯郭尔在关于亚伯拉罕献子事件的训导书中所谈及的有关旧约中上帝的问题。

卡夫卡仍然每天花费数小时时间写作。但是，他渐渐开始无法进食。护士观察到一个令人惊讶的现象："在小说《饥饿艺术家》中，他描写了主人公对食物的厌恶，这是在他去世七年之前，[147] 他在书中的描写，与他患病的喉咙逐渐失能时的感受没有两样。"他对肉食的真实厌恶——在他的身体相对健康的那些年，便已有所表现——是众所周知之事，这其中有着十分深刻、几近仪式感的原因。这种"仪式感"源自卡夫卡的某种个人宗教信仰，而与他的犹太教信仰无关，与萧伯纳的启蒙式素食主义更是毫不搭界。但是，卡夫卡却很乐意看到其他人享受美食。人们送给他的酒，只能由护士安娜替他喝。卡夫卡看到她享受美酒时的样子，总是愉快地微笑着说："就像我自己在喝一样。"

基尔林霍夫曼疗养院（下奥地利州）

"他的思绪主要集中在他的创作上"，这位现年七十三岁的老妇如此说道。因此在他的身上，并没有表现出结核病人在临终前普遍会出现的强烈求生欲和幻觉，在这位经验丰富的护理员看来，这是绝无仅有的现象。另外，这个濒临死亡的人还竭力抗拒打针。"田野上的百合花也不需要打针"，他对负责他的主治医生奥伦斯坦博士这样说。

对于死亡，卡夫卡早就做好了各种准备。他和克罗普施托克博士早就约定，如果真的没救了，就请他打一针，帮自己尽快了断。卡夫卡在软弱的一刻似乎还答应他的伴侣朵拉，同意她陪自己去死。这些约定没有一样得到了兑现。不过，忠诚的克罗普施托克履行了他们之间的第三个秘密约定：请他在最后时刻找个借口把朵拉打发走，以免她看到卡夫卡临终前挣扎的场面。克罗普施托克确实这样做了，他用一封信把朵拉打发去了邮局。

但是在最后的几分钟，卡夫卡却突然想见朵拉。"我赶紧派女仆去追，"护士写道，"因为邮局就在附近。"朵拉气喘吁吁地跑了回来，手里拿着大概是刚刚买的花。卡夫卡似乎已完全失去了意识。朵拉把花举到他面前。"弗朗茨，看看这些漂亮的花，你闻一闻！"朵拉低声说。"这个垂死之人眼看已经咽气，竟然又直起了身子，闻了闻那些花朵。这真是不可思议。而更让人难以置信的是，他的左眼再次睁开，露出了生机。他的眼睛是如此明亮，他的微笑是如此意味深长，当他无法再讲话时，他的手和眼都在帮他诉说。"

弗朗茨·卡夫卡（悼文）

鲁道夫·凯泽尔 [148] 的悼文

他去世的消息首先唤起了我对我俩最后也是唯一一次会面的印象。那是去年冬天，在柏林的一处郊外，他独自一人住在那里，微笑着忍受病痛，面对疾病带给他的命运。他的住处在一条积雪覆盖的别墅街，旁边是一片树林，靠近城市的尽头，四处静谧无声。他希望通过我了解外面的事情：关于生活，关于书籍、戏剧和人。这个世界的此在：他从远处望着它，观察着它，像孩子观望成年人的生活，带着渴盼和微笑。他的疾病不再只是肉体上的痛苦，而是彻底融入了他整个人。它属于他，一如他属于它。是疾病，给了这个四十岁男人一张清瘦的少年般的脸庞、年轻的笑容和温柔的嗓音。是疾病让他拥有了无限的青春，以至随着死亡的临近，他却更进一步贴近了自己的童年。他几乎从不谈论自己，除非是受工作所迫，或当生活陷入窘境时。

他的人和作品具有相同的基调：真诚。卡夫卡从不提出任何要求。他所说的话和写下的东西，都是他本来的样子，而没有形式和成就所带来的浮夸。他的语言简洁、平实、纯净，不带丝毫修饰，也没有悠扬的旋律与喧闹的和弦。然而，它却依然是丰富的，带给人各种幻觉和梦境，并且总是充满了个性。卡夫卡的散文是当代德语文学中的顶尖之作，虽然简单直白，但却深谙文字的魔力。我们的读者一定还记得大约两年前发表在我们杂志上的《饥饿艺术家》。里面的所有内容无一不具体、清晰、透明，但却透着神秘莫测、只能意会而不能言传的深度。他的小说是与歌德定义相吻合的"曾经发生的、闻所未闻的事件"[①]，然而其简洁明快的结构却让人可以透过它们洞悉人类灵魂的所有隐秘和深渊。它既不是通过陀思妥耶夫斯基式的抒情，也不是通过司汤达式的分析得以呈现，而是透过超越事件本身的视角。我们只需读一读他的那些作品——《观察》《司炉》《变形记》……就会感受到构成卡夫卡其人的一切：柔弱，纯粹，充满艺术家气质，以及洞察一切、饱含痛楚的笑容。

卡夫卡最后一张肖像照（1923/24 年）

---

① 语出《歌德谈话录》。

回忆我的舅舅

格尔蒂·考夫曼 [149]

我舅舅去世的时候，我还是个孩子。所以，我并没有和他谈话或对他的行为的直接记忆。但尽管如此，我还是能够清楚地记起他，因为他是投入我们童年时代的一道阴影。他的三个妹妹都深受他的影响，她们爱戴他，尊敬他，就像对待某种比自己高一等的生物。我们这些孩子都不太喜欢他，他让我们感觉有些难以接近，还有些神秘，所以我们往往都会主动避开他。我还清楚地记得，有一次我在米库哈斯卡大街和他擦肩而过，一个高大黑暗的身影，嘴巴上系着一条手帕。他当时已经患病，生怕自己会传染别人。家里人都很宠着他，总是给他准备专门的食物，比方说我记得有一回，人们端给他满满一大盘剥了壳的杏仁和干果，我自然眼馋得不行。他的两个年纪大一点儿的妹妹都嫁给了商人，小妹妹嫁给了一个法学博士。她们在结婚后，在我们这些孩子一个个长大的过程中，也仍然受到哥哥的很大影响。我妈妈跟我讲，当他们兄妹几个还都是孩子的时候，哥哥对她们总是颐指气使，对于一个有三个妹妹的兄长来说，这种事当然是见怪不怪。妹妹们对他的这种几乎可以称得上膜拜的感情，是在后来的岁月里逐渐形成的。他身边的人哪怕没有读过他的书，也都能感觉到他的人格魅力，大部分人都对他充满了爱慕和敬佩。对此，他通常并没有回应，因为他整个人都沉浸在自己的世界里。

玛丽·维尔内罗娃（Marie Wernerová，"小姐"）和费利克斯、
格尔蒂·赫尔曼一起在果园里（1917 年）

  但是，有时候他在一些小事上却表现得很有爱心，比如我
记得有一次，他给我的爷爷奶奶 [150] 送了一把伞作为生日礼物。
他在每一根伞骨的尖上，都细心地拴上了糖果。于是，它顿时
就变成了一把特别的伞。在他的家人当中，只有一个人对他的
反应是完全消极的，就是他的父亲。对后者来说，他大概更想
有个像我爸爸那样的儿子。他的儿子在他眼里是完全陌生的，
让他感觉极度失望。他是个商人，是靠着勤奋、汗水和现实的
磨炼白手起家的。他的愿望是让唯一的儿子接手他的生意，踏
着他的足迹度过一生。可眼前这位却像个梦游者，整天在进行
看不见的搏斗，写着一堆挣不来钱的难懂的书，他实在不知道
该拿他怎么办。舅舅当然也感觉到了这一点，与父亲的关系变

225

1922年，波罗的海岸边小镇布伦斯豪布滕，卡夫卡妹妹艾莉（左六）、瓦莉（左四）和各自的家庭。最左边是玛丽·维尔内罗娃（"小姐"），前排中间是格尔蒂·考夫曼（Gerti Kaufmann），她的右侧是表妹洛蒂。

成他一辈子都无法跨越的一道巨大障碍。舅舅自己并没有结婚，可他却十分关心孩子的教育。他在这方面也对几个妹妹产生了影响，而且，他还一直关注着我们几个孩子的成长。他送给我们书，建议妹妹应该去听哪个讲座，去看哪出话剧。我还记得他曾经给母亲出主意，让她在我十岁或十二岁时把我送出家门，到海勒劳去上舞蹈学校。这场实验后来泡了汤，因为母亲不敢让我这么小就离开家。他的童年一定很不幸，因为我现在还能回想起他当时的那句建议："让孩子们走出家门！"那种由他而生的气氛，以及在妹妹们身上所带来的表现，显得格外与众不同。我们这些孩子是在一个讲究规矩和秩序的中产阶层的环境中长大的，但是，这个环境与其他出身同一社会阶层的人所处的环境有着很大的区别，我想，这正是由舅舅带给他的妹妹们的影响造成的。我母亲是他年纪最大的妹妹。不过，卡夫卡的三个妹妹都很多愁善感，有着强大的共情能力。在母亲的一生中，丈夫和孩子们扮演着十分积极的角色，让她的生活

226

227

因此变得充实，可是在她看来，这一切似乎都是理所应当的。比这些更深刻的影响是来自她的兄长。是他，让她与世间所有珍贵和美好之物以及那些沉甸甸的、无法参透的事物建立起了联系；而她对他的世界的理解，更是感同身受。然而由于被动的天性，她很难给他提供多少帮助，而只能对他抱以理解和同情。她年纪最小的妹妹则比她积极和主动得多，在我看来，她和我的舅舅的关系也最亲密。她对他来说更像是一位同道，两人在假期时经常泡在一起。兄长的去世是三姊妹人生中所遭受的第一次沉重打击。时间或许会让他的容貌在她们的记忆中渐渐淡化，但绝不会使她们对他的爱和崇拜褪色半分。而且不久后，命运又给她们带来了更多的重创：在纳粹统治下，卡夫卡一家的遭遇和其他成千上万家庭一样。三个妹妹后来都死在了波兰某个集中营的毒气室……

生前回忆

密伦娜·耶森斯卡 [151]

　　给您回信我可以花上几天几夜的时间。您问，弗兰克为什么害怕爱情而不害怕生活？但我的想法不是这样。生活对他来说与其他人截然不同。比如金钱、股票交易所、外汇兑换中心以及打字机，对他完全是神秘的东西（事实也的确如此，只是我们不这么看）。和我们的看法不同的是，他觉得这些东西都是奇怪的谜。那么他的职员工作，难道只是一种平常的谋生手段吗？对他来说，职场——包括他自己的职业——是神秘和令人惊叹的事物，就像小孩子眼中的火车头。就连世界上最简单的事情，他都不理解。您和他一起去过邮局吗？他起草好一份电报，去找一个自己喜欢的柜台窗口；他不停地摇头，不明白为什么要从一个柜台换到另一个柜台，直到找到正确的那一个。他付了钱，数了数收到的零头，发现多出一克朗，于是把一克朗还给窗口后面的女士。然后他慢慢走开，又数了一遍，走到最后一个台阶时才发现，他还回去的一克朗其实是应该找给他的。这时候，您无可奈何地站在他旁边，看着他来回踱着步子，思考着该怎么办。回去吧，很难，上边挤满了人。"要不然就算了吧"，我说。他吃惊地望着我说，怎么能算了呢？他不是心疼一个克朗，而是这样做不好。因为毕竟是少了一克朗，怎么能不管呢？他念叨了很久，对我大为不满。这类事情还经常发生在商店、餐馆和乞丐身上，尽管每次的情况都有所不同。有一次，他给了一个女乞丐两克朗，之后又想要回一克朗，乞丐说她没有。我们在那儿站了足足有两分钟，思考着该怎么办。他想，那就两个克朗都给她吧。可没走出几步，他又变得异常气愤。同样是这个人，假如是给我两万克朗，他也一定会毫不犹豫，且满心欢喜。然而，假如我向他要两万零一克朗，而且还得去不知道在哪里的某个地方换钱，他就会认真地思考，该如何处理那个本来不该给我的一克朗。他对待钱的焦虑和对女人的焦虑几乎没有分别，对职员工作的恐惧也是一样。有一次，我给他发电报、打电话、写信，恳求上帝让他来我这里一天。当时我非常需要他。我发了诅咒，他不来就让他去死。他整夜没睡，苦苦地纠结，写了好几封信，信里写满了自暴自弃的话，可最终还是没来。为什么没来？他说是没法请假，他无论如何都无法跟经理——那个他真心佩服（是真的！）的人，原因是他打字非常快——张口，说要到我这里来。那换个其他理由呢？啊，什么理由？撒谎吗？他在另一封情绪激动的信中写道，对经理撒谎？绝对不行。如果您问他，为什么会爱上他的第一个未婚妻，他会回答说："她很精明"，然后脸上露出敬佩的神情。

密伦娜·耶森斯卡（婚后随夫姓波拉克）

哦，不，这个世界对他来说永远是一个谜，一个变幻莫测的奥秘，一样他没有能力做到，而只能抱着纯洁的感动和天真所仰慕的东西，因为它的"精明"。当我告诉他，我的丈夫每年出轨一百次，却让我和其他许多女人都被他迷得神魂颠倒时，他神情中流露出敬畏，就像说起那个打字快并因此被他视为能人的经理，或者他的"精明"的未婚妻时一样。所有这一切于他都是陌生之物。一个打字快的人和一个有四个情妇的男人，与邮局的一个克朗和女乞丐的一个克朗一样，都是他无法理解的东西，因为它们是活着的东西，可弗兰克却没法活。弗兰克没有能力去活。弗兰克的身体不会再好起来。弗兰克很快就会死。

个人点滴

马克斯·布罗德 [152]

Quodsi me lyricis vatibus inseres、
Sublimi feriam sidera vertice.
（你若将我纳入诗人与先知之列，
我高扬的颅顶便能触及繁星。）

贺拉斯献给梅克纳的这些诗句，卡夫卡应该不会有丝毫同感，也不会向任何人说出。再次阅读贺拉斯的这些诗句，我忽然意识到这两个人物之间的本质性区别。我发现，即使撇开这位罗马人的所有宫廷修辞不谈，这些诗句与卡夫卡的性格也显得格格不入。不，我的朋友在任何情况下都不会想要"触及繁星"。他的人生格言是：躲在幕后，不引人注意。"不引人注意"体现在他的每一个举止，他讲话声音很轻，很少提高声调；如果是和一群人在一起，他通常会彻底沉默。只有当两三个人时，他才不再胆怯，而变得活力惊人，思绪奔涌，你会发现这个沉静寡言的人，内心拥有一个广阔的世界，里面充斥着尚未成形的各式人物和思想。后来，我再没有见过谁有如此天马行空般的想象，如此有趣而奇异的念头和如此无拘无束的遐思。《乡村婚礼的筹备》[153] 一书仿佛正是对我上述记忆的印证，它包含了无数有头没尾的故事、情景和思考，以及多得超乎想象的奇思，将人们带往不同地域和天方夜谭般的神奇世界。作

者遗留下来的未完成作品是如此耀眼，就像诺瓦利斯的遗稿残

篇一样令人震撼。与已完成的作品相比，人们仿佛发现了一个
比已经建成的大厦要大上千倍的料场。《美国》《审判》《城堡》
《变形记》《在流放地》——与那些被命运和卡夫卡的早逝从我
们手中夺走的无数作品相比，它们不过是一份偶然的收获。因
此，要评价这个巨人，除了那些写就的作品外，我们还要看
到那些尚未成形以及仅仅是暗示的部分。这位巨人将自己扮作
侏儒，混迹于我们当中，其举止没有丝毫惹眼之处。歌德曾经
说过："唯有庸人才会谦虚。"但是，假如你曾与卡夫卡一起生
活，你会更倾向于把这句话反过来，虽然它听起来和原话一样
荒谬偏激："所有不谦虚的人都是庸人。"

马克斯·布罗德（1914 年）

在此，我想再次忆及我的朋友的样貌：修长、高挑、微微
有些驼背，灰色的眼睛炯炯有神，肤色偏棕，头发浓密乌黑，
一口漂亮的牙齿，脸上总是挂着友好礼貌的微笑；只是偶尔现
出的心不在焉的神态，让这张棱角分明的美丽脸庞变得有些暗
淡。他往往十分克制，几乎从不发脾气。在一些难得一见的开
心时刻（更多是在早年还没有生病的时候），他表现得像孩子

一般开朗、欢乐、天真、诙谐，有时还会抱有某种潜在的、绝非出于恶意而且很快便被纠正的恶作剧的冲动，或是转眼就会后悔的搞怪欲望。他总是身着深灰或藏青色西服，没有图案花纹，平整熨帖，有一种低调的华丽，显得一丝不苟而有品位。他的手指修长而富于表现力，但动作不多。他从不戴巴斯克贝雷帽，也没有蓬乱的头发，身上看不出任何作家的外在特征。而且，他也从不曾戴过宽檐的卡邦尼棒球帽，或像拜伦那样把领带打成蝴蝶状，就像某些"回忆者"想当然安在他身上的那样。朴素高贵，这便是他在我眼中的样子。他自我封闭，却又无比善良。他总是在作品中给自己扣上冷漠的罪名，（按照自身的高标准）为缺少爱心而自责，然而在现实生活中，他是最体贴的朋友和同伴。我常常想起他如何对待家中年迈的女仆维尔纳小姐，当周围已经无人再关心她时。他费尽心思为她营造愉快时光，比如请她去看话剧，给她带来惊喜。当他生病而变得身体虚弱后，他也不断敦促身边人去帮助他人，在《书信集，1902~1924》（*Briefen 1902-1924*）中，便有许多这样的例子。他憎恶一切形式的自我中心主义，只要体力允许，他便会努力以一种高贵自然的方式感受他人的内心，用润物细无声的方式与人为善，引导他们做正确的事，或为他们带来欢乐。他的女友朵拉·迪亚曼特告诉我，有一次他们在柏林附近的斯特格利茨城市公园一起散步时，看见一个小姑娘在哭，因为她的洋娃娃不见了。卡夫卡安慰了女孩半天，可她却依然很伤心。最后，卡夫卡说："你的娃娃根本没有丢，她只是出走了，我刚刚看到她，还和她说了话。她答应给你写信。明天这个时候你再来这里，我把信带给你。"小女孩这才停止了哭泣。第二天，卡夫卡真的把信带来了，布娃娃在信中讲述了她旅行冒险的经历。就这样，他们开始了一次名副其实的过家家式通信，一直持续了好几个星期，直到卡夫卡因为生病而不得不搬家，踏上从布拉格到维也纳再到基尔林的最后一次旅行才结束。尽管搬家让他难过，身心混乱不堪，他也没有忘记给女孩留下一个布娃娃，并且说这就是那个丢失的旧的布娃娃，只是远方各种经历使她变了样子。这种善意而诙谐的想象力是否与赫柏尔《莱茵室友的珍宝匣》中描述的情景有几分相似？后者是除了克劳迪乌斯的《万茨贝克信使》(*Wandsbeker Boten*)和施蒂弗特①的《温柔的法则》(*Das sanfte Gesetz*)之外，卡夫卡格外喜欢的一本书。令他着迷的是温柔的星光，而不是埃德加·爱伦·坡那种耸人听闻的怪诞。这是他的人生轨迹，也是他追求的方向。假如他还在世，我们很可能会看到他的丰富想象力所带来的出乎意想的转变。他有可能不再写作，而是将所有创作激情转化为神圣的宗教情怀，就像伟大的医生和拯救者施韦泽那样。我从他那里听到的许多话，都隐含着这方面的意思。但是，探讨这些秘密并不重要，这些秘密正是他用低调的生活努力隐藏起来的。在我看来，下面这件事比其他许多故事更能体现卡夫卡的特点：在一本纪念他的书籍出版时，人们恳请他的一位昔日同窗，一位曾经的名人，讲述自己对卡夫卡的印象。这位在文理中学与卡夫卡同窗八年的同学可谓相当坦诚，他答道：他能记起的只有一样，弗朗茨·卡夫卡在整个那段时间毫不起眼，没有任何引人注意的地方。

在人类眼中无足轻重的事物，在上帝眼里却可能意义非凡；反之，某些在人类眼中难以割舍的情结——比如卡夫卡的身后名声，以及与其世界级声誉相关的种种误解——在上帝眼中或许根本不值一提。假如我们能怀着谦卑之心走近卡夫卡的作品，我们至少还有望在自己的内心，为卡夫卡一生追求的真实和纯净留出一个安放之处。

---

① 阿达尔贝特·施蒂弗特（Adalbert Stifter, 1805~1868），奥地利作家、诗人、画家、教育家。作品多以波希米亚森林为题材，在德语世界享有较高知名度。

234

文献名称缩写

BKB   Max Brod, Franz Kafka, *Eine Freundschaft. Briefwechsel*. Hrsg. von Malcolm

Pasley. Frankfurt/M.: S. Fischer Verlag, 1989.

Br   Franz Kafka, *Briefe 1902–1924*. Hrsg. von Max Brod. Frankfurt/M.: S. Fischer,

1958.

F   Franz Kafka, *Briefe an Felice und andere Korrespondenz aus der Verlobungszeit.*

Hrsg. von Erich Heller und Jürgen Born. Frankfurt/M.: S. Fischer, 1967.

FK   Max Brod, *Über Franz Kafka*. Frankfurt/M.: Fischer Taschenbuch Verlag, 1974.

KuR I   *Franz Kafka: Kritik und Rezeption zu seinen Lebzeiten*, 1912–1924. Hrsg. von

Jürgen Born. Frankfurt/M. : S. Fischer, 1979.

KuR II   *Franz Kafka: Kritik und Rezeption 1924–1938*. Hrsg. von Jürgen Born. Frankfurt/

M.: S. Fischer, 1983.

KW   Kurt Wolff, *Briefwechsel eines Verlegers*. Hrsg. von Bernhard Zeller und Ellen

Otten. Frankfurt/M. : Verlag Heinrich Scheffler, 1966.

M   Franz Kafka, *Briefe an Milena*. Hrsg. von Jürgen Born und Michael Müller.

Frankfurt/M.: S. Fischer, 1983.

O   Franz Kafka, *Briefe an Ottla und die Familie*. Hrsg. von Hartmut Binder und Klaus

Wagenbach. Frankfurt/M. : S. Fischer, 1974.

TBB   Franz Kafka, *Beim Bau der chinesischen Mauer und andere Schriften aus dem

Nachlaß*. Frankfurt/M. : Fischer Taschenbuch Verlag, 1994.

TDE   Franz Kafka, *Das Ehepaar und andere Schriften aus dem Nachlaß*. Frankfurt/M.:

Fischer Taschenbuch Verlag, 1994.

TEL   Franz Kafka, *Ein Landarzt und andere Drucke zu Lebzeiten*. Frankfurt/M.: Fischer Taschenbuch Verlag, 1994.

TT1   Franz Kafka, *Tagebücher. Band 1: 1909–1912*. Frankfurt/M.: Fischer Taschenbuch Verlag, 1994.

TT2   Franz Kafka, *Tagebücher. Band 2: 1912–1914*. Frankfurt/M.: Fischer Taschenbuch Verlag, 1994.

TT3   Franz Kafka, *Tagebücher. Band 3: 1914–1923*. Frankfurt/M.: Fischer Taschenbuch Verlag, 1994.

TZF   *Franz Kafka, Zur Frage der Gesetze und andere Schriften aus dem Nachlaß*. Frankfurt/M. : Fischer Taschenbuch Verlag, 1994.

注　释

1. 费利克斯·韦尔奇（Felix Weltsch, 1884~1964）于 1903 年通过马克斯·布罗德与卡夫卡结识，是卡夫卡生前关系最亲密的好友之一。他在大学图书馆担任图书管理员，创作过一系列哲学文章，1919 至 1938 年担任布拉格犹太复国主义周刊《自卫》主编和出版人。

   资料来源：Felix Weltsch, "Franz Kafka gestorben". In: *Selbstwehr.* Jüdisches Volksblatt 18, Nr. 23 (6.6.1924), 第 5 页；转载于 KuR II 第 25~27 页。

2. 弗朗齐歇克·泽维尔·巴斯克（František Xaver Bašík, 1878~1963）原就读于布拉格市民小学，后进入卡夫卡家店铺做学徒（1892.9.15~1895.1.31）。之后任职会计师和旅行推销员，直到退休。巴斯克从 1940 年开始撰写自己的回忆录，共花费三年时间，完成了以《五十年》为题、长达九章、内容丰富的著作。书名中的"五十年"正好是他整个职业生涯的时间。巴斯克的家人很少有人看过这本回忆录，或许是因为对这本书的分量事先便没抱太大的希望。直到 1994 年，人们通过对《五十年》第一章内容与卡夫卡生平经历中的一些细节的对比才发现，书中提到的"小弗朗茨"和作家卡夫卡是同一人。

   资料来源："*Als Lehrjunge in der Galanteriewarenhandlung Hermann Kafka*". In: *Franz Kafka.* Brief an den Vater. Mit einem unbekannten Bericht über Kafkas Vater als Lehrherr und anderen Materialien. Hrsg. von Hans-Gerd Koch. Berlin 2004, 第 69–130 页，由 Christof Groessl 和 Jaromir Konecny 从捷克语翻译。

3. 胡戈·贝格曼（Hugo S. Bergmann, 1883~1975），又名什穆埃尔·胡戈·贝格曼（Schmuel/Shmuel Hugo Bergman），哲学家，激进犹太复国主义分子，布拉格布伦塔诺（意动心理学派）哲学圈成员，这个圈子的成员经常在卢浮宫咖啡馆和药剂师凡塔家举行聚会（贝格曼于 1908 年娶药剂师女儿为妻）。1920 年，贝格曼举家移民巴勒斯坦。资料来源：Hugo Bergman, "Schulerinnerungen an Franz Kafka". In: *Mitteilungsblatt des Irgun Olej Merkas Europa* 34, Nr. 36/37 (9. 9. 1966), 第 16 页，以及 "Erinnerungen an Franz Kafka". In: *Universitas*. Zeitschrift für Wissenschaft, Kunst und Literatur 27, Heft 7 (1972), 第 739–750 页。

4.　Fritz Mauthner, *Erinnerungen*. Bd. 1: *Prager Jugendjahre*. München 1918.

5.　Klaus Wagenbach, *Franz Kafka. Eine Biographie seiner Jugend*. Bern 1958.

6.　相当于"2"分。

7.　参见 TZF 第 10–66 页。

8.　参见 TBE 第 9 页；这是目前留存于世的卡夫卡最早的文字之一。

9.　卡夫卡本人曾在日记中提到过这件事，参见 TT1 第 258 页及下页。

10.　卡夫卡在日记中记录了对这支犹太剧团演出的印象，参见 TT1 第 48 页及下页。

11.　时间为 1913 年 12 月，参见 TT1 第 215 页。

12.　参见 Br 第 364 页及下页。

13.　参见 Br 第 433 页及下页。

14.　参见 Br 第 436 页。

15.　参见 Br 第 437 页及下页。

16.　胡戈·赫希特（Hugo Hecht, 1883~1970）中学毕业后考入查理大学医学专业，在大学就读期间便开始教授皮肤病和性病课程。一战后在布拉格获得博士学位。
　资料来源：Hugo Hecht, "Zwölf Jahre in der Schule mit Franz Kafka". In: *Prager Nachrichten* 17, Nr. 8 (August 1966), 第 1–7 页。

17.　卡夫卡在给密伦娜·耶森斯卡的信中说起过由"厨娘"接送上下学的这段经历，参见 M 第 71 页。

18.　赫尔曼·卡夫卡留的是短髭，没有一张图片上出现过他"长须"的样子。

19.　勘误：应为 3 号。

20.　这条街原名为尼古拉斯街，从 1926 年起更名为巴黎街。

21.　卡夫卡在 1919 年 12 月 11 日的日记中提到过贝克老师，参见 TT3 第 172 页及下页。

22.　赫希特此处是引用的卡夫卡日记中的内容，参见 TT3 第 228 页。

23. 在一封未曾发表过的卡夫卡 1921 年写给妹妹艾莉的信中，记录了这样的内容：卡
    夫卡是从赫希特以及后者在下文提到的"梅毒病人"那里获得的"性启蒙"。"他
    俩同时对我进行教导，一个是从右边，一个是从左边；右边的一位有趣、老道、
    充满慈爱，带着一种后来我从各个年龄段的男人——包括我自己在内——身上都
    经常听到的笑声；而左边的一位则是就事论事，富有理论性，相对乏味。这两人
    都是已婚男人，住在布拉格，右边的一位被梅毒摧残得没了人样，我不知道现在
    他是不是还活着，左边的一个是性病学教授和性病防治协会创办人。我无意挑拨
    这二人之间的关系，更何况他们本来也算不上朋友，只是为了教导我才偶然凑在
    一起。

24. 参见上一条注释。

25. 参见卡夫卡《致父亲的信》中的描述，TZF 第 16 页。

26. 卡夫卡在日记中也曾提到此事，参见 TT3 第 200 页。

27. 兹登科·瓦内克（Zdenko Vaněk）：根据老城文理中学的通报，瓦内克曾于 1901
    年和卡夫卡同班，这与瓦内克本人所说比卡夫卡低一年级的说法是矛盾的。马
    克斯·布罗德则声称，他从来都不认识这个人（Max Brod, *Der Prager Kreis.*
    Stuttgart u. a. O. 1966, 第 112 页）。

    资料来源：Jaroslav Procházka, "*Spoluzák F. Kafky vypravuje. Knávštěve Maxe Broda
    na janáčkovském kongresu v Brně*". In: *Lidová Demokracie* (Praha) 19. 9. 1965, 第 5
    页，由 Dana Veverková 翻译。

28. 参见贝格曼相反的说法。

29. 勘误：卡夫卡一家 1913 年才搬进"奥佩尔特屋"。

30. 埃贡·埃尔温·基希（Egon Erwin Kisch, 1885~1948）上的是尼科兰德普通中学，
    他的哥哥保罗和卡夫卡是同班同学。

31. 埃米尔·乌提茨（Emil Utitz, 1883~1956）在文理中学的头三年是在同年级另一个
    班，后来才和卡夫卡同班。他和同学贝格曼以及卡夫卡一样，都是布伦塔诺弟子
    和凡塔沙龙圈的成员。大学毕业后，他于 1910 年作为哲学私人助教去了罗斯托克。

    资料来源：Emil Utitz, "Vzpomínky na Franze Kafku". In: *Franz Kafka a Praha.
    Vzpomínky, Úvahy, Dokumenty*. Hrsg. von Hugo Siebenschein, Edwin Muir, Emil

Utitz, Petr Demetz. Prag: Vladimír Zikeš, 1947, 第 25–30 页, 由 Dana Veverková 翻译。

32. T.G. 马萨里克（T. G. Masaryk）公开出任犹太学徒希尔斯纳的辩护律师，后者被指控于 1899 年 4 月谋害了一位年轻女基督徒。

33. 这里指的是艺术史学家马克斯·德沃夏克（Max Dvořák, 1874~1921），他于 1909 年在维也纳大学任教，并指派奥斯卡·波拉克为其担任助手。

34. 勘误：马克斯·布罗德并不是老城文理中学的学生，而是就读于斯特凡文理中学。

35. 指的是卡夫卡一家 1913 年之后在老城环路的住所："奥佩尔特屋"。

36. 利奥波德·B. 克莱特纳（Leopold B. Kreitner, 1892~1969），出生于 Hohenbruck/b. Königgrätz，据校史记载，他虽然也曾在老城文理中学就读，但卡夫卡当时已经毕业。后来，克莱特纳只是偶尔在布拉格逗留。他大学就读于查理大学，在格拉茨获得博士学位。根据其本人的说法，他在一战期间生活在维也纳，1921 年曾一度以记者身份在柏林居住。

    资料来源：L. B. Kreitner, "Kafka as a young man". In: *Connecticut Review* 3, Nr. 2 (1970), 第 28–32 页, 由 Roger Hermes 翻译。

37. 卡夫卡早在 1901 年便已高中毕业。

38. 卡夫卡父亲平常使用的信笺抬头有德文和捷克文两种，具体用哪一种，则视收信人族裔而定。参见插图。

39. 卡夫卡曾在不同场合强调，自己在音乐方面毫无天赋。不过，他在一篇日记中提到，他曾上过小提琴课，参见 TT3 第 206 页。

40. 勘误：胡戈·贝格曼在大学攻读的是数学、物理和哲学专业，而非罗马语言文学。

41. 勘误：药剂师马克斯·凡塔比太太多活了七年，他在后者的沙龙中没有太多参与。

42. 勘误：厄棱费尔是查理大学的教授。

43. 阿尔伯特·爱因斯坦 1911 至 1912 年在布拉格任教。

44. 1913 年 4 月 4 日布拉格《波希米亚日报》曾在地方版面报道了这起事件。该报晚间版以《女诗人和警察》为题报道称，"今天午夜零点，一起小小的事件引起了夜间行人的注意。在老城广场上，一位穿着奇装异服的女士神情陶醉，身体有节奏地摆动，对着泰恩教堂的黑色剪影吟诵语无伦次的诗句，被一名巡警粗鲁地训斥。

这位女士身穿黑色长裙，梳着一头披肩卷发，戴着玛瑙项链，她是埃尔泽·拉斯克－许勒尔。诗人的同行者，尤其是保罗·莱平，徒劳地向警察指出，这是来自忒拜的异国客人，正在这里进行一场东方式祈祷。'我才不管这一套！'巡警回答道，'这里不允许任何人唱歌！'并强行要求这位满怀激情的女诗人停止吟唱。她慌张地突然转过身，向巡警大声喊一声'王子'，然后激动地离开了。"另参见：Hartmut Binder, "Else LaskerSchüler in Prag". In: *Wirkendes Wort* 3 (1994)，第 405–438 页，尤其参见第 413 页及下页。

45. 截至 1912 年底，马克斯·布罗德已经出版了十余本著作。

46. 布罗德"发现"并推出了年轻的弗朗茨·韦尔弗。

47. 资料来源：Hanuš Frank und Karel Šmejkal, "Ze vzpomínek vychovatelky v rodině Franze Kafky". In: *Plamen* 6, Nr. 7 (1964)，第 104–107 页，由 Dana Veverková 翻译。

48. 瑟尔玛·科恩（Selma Kohn, 1880~?）是在布拉格北部伏尔塔瓦河畔的避暑胜地罗兹托克结识的卡夫卡。她于 1906 年与来自维也纳的马克斯·罗比切克（Max Robitschek）结婚，后为躲避纳粹迫害逃到了英国。

资料来源：瑟尔玛·罗比切克 1955 年 6 月 18 日致马克斯·布罗德的信，参见 Br. XX。

49. 奥斯卡·鲍姆（Oskar Baum, 1883~1941）和马克斯·布罗德、费利克斯·韦尔奇都是卡夫卡最亲密的朋友。他出生于皮尔森，自幼年起便双目失明，主要是以钢琴教师为职业，从 1922 年起为布拉格报刊撰写音乐评论。他以作家身份创作的最著名作品是《黑暗人生》（*Das Leben im Dunkeln*, 1909 年）。

资料来源：Oskar Baum, "Erinnerungen an Franz Kafka". In: *Witiko*. Zeitschrift für Kunst und Dichtung der literarischen Adalbert-Stifter-Gesellschaft in Eger 2, Heft 3 (1929), 第 126–128 页。

50. 收录于中短篇小说集《马戏团顶层楼座上》（*Auf der Galerie*），参见 TEL 第 207 页。

51. 这里大概指的是剧本片断《守墓人》（*Der Gruftwächter*），参见 TBB 第 10 页及下页。

52. 目前留存于世的《守墓人》手稿是写在一本学生练习册中，另外还有部分片断是以打字稿的形式。参见 TBB 第 10 页及下页。

53. 资料来源：Felix Weltsch, "Kafka als Freund". In: Ders., *Religion und Humor im Leben und Werk Franz Kafkas*. Berlin-Grunewald: F. A. Herbig Verlagsbuchhandlung, 1957, 第 13–18 页，尤其参见第 15–18 页。

54. 参见 Br 第 272 页及下页。

55. 参见 Br 第 264 页。

56. 这封信的日期是 1921 年 1 月或 2 月，韦尔奇在此只是摘录了其中部分内容。参见 M 第 372 页以及 FK 第 204 页。

57. 安娜·利希滕斯特恩（Anna Lichtenstern, geb. Feigl, 1895~?）就读于德意志"公共女子中学"，她所提到的基奥教授是该校的"外聘教师"，本名卡尔·基奥夫斯基（Karl Kyovsky），任教于斯特凡文理中学（参见 Kurt Krolop, "*Zu den Erinnerungen Anna Lichtensterns an Franz Kafka*". In: *Germanistica Pragensia* V (1968), 第 21–60 页）。

资料来源：Anna Lichtenstern, "Was Franz Kafka für diedeutsche Nachkriegsliteratur voraussah. Eine Prager Erinnerung". In: *Die Wahrheit*. Unabhängiges Organ für öffentliche Fragen VIII, Nr. 15–16 (1. August 1929), 第 5–6 页。

58. 威利·哈斯（Willy Haas, 1891~1973）与弗朗茨·韦尔弗都是就读于布拉格斯特凡文理中学。他是布拉格"赫尔德协会"与《赫尔德报》的创立者，后担任罗沃尔特出版社顾问和编辑，1921 年之后以作家和记者身份在柏林生活。

资 料 来 源：Willy Haas, "Um 1910 in Prag. Aus Jugendtagen mit Werfel, Kafka, Brod und Hofmannsthal". In: *Forum* 4 (Juni 1957), 第 223–226 页，尤其参见第 224–225 页。

59. 1908 年，弗朗茨·布莱主办的刊物《许珀里翁》发表了以《观察》为题的八篇卡夫卡散文作品，这是卡夫卡公开发表的最早的文字。

60. 密伦娜·耶森斯卡（Milena Jesenská）和她的好友斯塔莎·吉洛夫斯卡（Staša Jílovská）。密伦娜当时嫁给了波拉克，并于 1919 年秋天结识了卡夫卡。威利·哈斯于 1952 年首次出版了卡夫卡致密伦娜的书信集。

61. 威利·哈斯在 1923/24 年冬天时还在柏林探望过卡夫卡，这次所谓的"最后会面"

最迟发生在 1917 年，因为哈斯将这次会面与卡夫卡的"柏林未婚妻"菲莉丝·鲍尔联系在了一起。

62. 米哈尔·马雷什（Josef /Ps. Michal Mareš, 1893~1971），无政府主义者，记者，作家，在布拉格为捷克语和德语报刊工作，因为他对这两门语言都十分精通。

资料来源：Michal Mareš, "Setkáni s Franzem Kafkou". In: *Literární Noviny* (Praha) XV (1946)，第 85–86 页，由 Dana Veverková 翻译。

63. 卡夫卡于 1910 年 12 月 3 日至 9 日在柏林逗留。他在临行前最后一天给马雷什寄去了一张帝国议会大厦的明信片。参见 Gustav Janouch, *Franz Kafka und seine Welt*. Hans Deutsch Verlag: Wien, 1965，第 105 页。

64. 阿洛依斯·居特林（Alois Gütling, 1886~1970），他在与卡夫卡在劳工事故保险局共事的八年里，出版了文中提及的三本诗集：《爱情花环》（1916 年），《在别洛赫拉德温泉》（1917 年）和《夜色》（1919 年）。

资料来源：Alois Gütling, "Erinnerungen an Franz Kafka". In: *Prager Nachrichten* 2, Nr. 10 (1. Oktober 1951)，第 3–5 页。

65. 赫尔曼·卡夫卡经营的是服饰用品店。从 1906 至 1912 年，他的店铺是开在策尔特纳大街 12 号二楼，自 1912 年起，店铺迁到了老城环路上的金斯基宫底层。

66. 勘误：卡夫卡和这两位同事最初被任命为"草图员"，直到 1913 年 3 月 1 日，卡夫卡才被提拔为"副文书"。

67. 保险局在"1915 军事总动员之年"将居特林和卡夫卡两位负有保卫国家义务的职员评定为"不可或缺"和"不可替代"，并以此免除了二人的兵役。卡夫卡的免除兵役期限是无期，而居特林只是几周。参见 Franz Kafka, *Amtliche Schriften*. Hrsg. von Klaus Hermsdorf. Berlin: Akademie Verlag, 1984，第 402–405 页。

68. 卡夫卡直到 1922 年夏天临时退休之前，一直是保险局的职员。不过在最后几年中，他因为病情的原因而不得不几次长时间病休。

69. 这两本书实际上直到卡夫卡去世后，才相继于 1925 年和 1926 年出版。

70. 资料来源：V. K. Krofta, "V úřadě s Franzem Kafkou". In: *Lidová Demokracie* (Praha) 6. 5. 1969，第 4 页，由 Dana Veverková 翻译。

71. 缩写，全称为 Úrazová pojiš_tovna dělnická。

72. 库尔特·沃尔夫（Kurt Wolff, 1887~1963）原本是罗沃尔特出版社的合伙人。他于 1912 年底接手出版社业务，并以沃尔夫出版社之名继续运营。1912 年 6 月 29 日，他在莱比锡通过布罗德介绍认识了卡夫卡。所有卡夫卡本人同意出版的书籍——最后一本是《饥饿艺术家》——都是由其编辑出版。

   资 料 来 源：Kurt Wolff, "Franz Kafka", Typoskript, Deutsches Literatur Archiv, Marbach am Neckar. In veränderter Form abgedruckt in: Kurt Wolff, *Autoren, Bücher, Abenteuer. Betrachtungen und Erinnerungen eines Verlegers.* Berlin: Verlag Klaus Wagenbach, 1965, 第 67–74 页。

73. 参见 FK 第 110 页及下页。

74. 参见 KW 第 152 页。

75. 参见 KuR I 第 34 页及下页。

76. 1922 年 6 月 26 日的两张明信片。参见 BKB 第 370 页。卡夫卡在这里提到的"那个令人讨厌的小故事"指的是短篇小说《最初的苦痛》（*Erstes Leid*）。

77. 参见 BKB 第 232 页。

78. 参见 KW 第 54 页及下页。

79. 《美国》是布罗德为这本书所起的书名。在 1983 年出版的修订本以及卡夫卡相关日记中，这部长篇小说的标题均为卡夫卡预先所起的《失踪者》（*Der Verschollene*）。

80. 参见 KW 第 29 页。

81. 参见 BKB 第 429 页。

82. 鲁道夫·福克斯（Rudolf Fuchs, 1890~1942）生于波杰布拉迪（Poděbrady），是经常在阿尔科咖啡馆聚会的德语作家圈成员之一。卡夫卡曾把他推荐给不同的出版社和出版商。

   资 料 来 源：Rudolf Fuchs, "Erinnerungen an Franz Kafka". In: Max Brod, *Franz Kafka. Eine Biographie (Erinnerungen und Dokumente).* Prag: Verlag Heinr. Mercy Sohn, 1937, 第 281–284 页。

83. 这里指的是阿尔科咖啡馆。

84. 勘误：《观察》一书问世时，该出版社的名称还是罗沃尔特出版社。

85. 这场朗读会是于1912年12月4日以赫尔德协会"布拉格作家之夜"的名义举办的。参见 KuR I 第 110–114 页。

86. 很可能是记忆有误: 卡夫卡于1917年7月初在布拉格与柏林女子菲莉丝·鲍尔第二次订婚。之后, 二人携手前往布达佩斯, 去探望菲莉丝的一位姐妹, 然后卡夫卡独自一人经维也纳返回了布拉格。根据卡夫卡1917年7月27日写给出版商沃尔夫的信件, 他原本打算在战争结束后举行婚礼, 然后离开布拉格。参见 KW 第 43 页。

87. 爱丽丝·索默尔 (Alice Sommer, geb. Herz, 1903 年出生) 是通过姐姐伊尔玛, 费利克斯·韦尔奇的太太, 介绍认识卡夫卡的, 她的第一堂钢琴课也是跟姐姐上的。后来, 她从师于李斯特弟子康拉德·安索尔格 (Conrad Ansorge), 早在 1930 年代初便已成为名声显赫的女钢琴家。当捷克斯洛伐克 1938 年被德国占领后, 她被禁止登台演出, 然后与家人一起被送到泰雷津集中营, 并凭借音乐才能侥幸活了下来。1949 年, 索默尔去了以色列, 1984 年之后, 一直生活在伦敦。

资料来源: 2005 年 4 月 22 日与爱丽丝·索默尔的谈话记录。

88. 恩斯特·波佩尔 (Ernst Popper, 1890~1950) 是斯特凡文理中学毕业生, 弗朗茨·韦尔弗和威利·哈斯的密友之一。1915 年春, 他在陪姐姐去前线探望姐夫时偶然遇到了卡夫卡。参见 TT3 第 88 页。

资料来源: Ernst Popper, "Erinnerungen an Franz Kafka". In: *Die Tat* (Zürich) 40, Nr. 162 (11. 7. 1975), 第 15 页。

89. 参见卡夫卡日记中相关内容, TT2 第 164–167 页。

90. 奈莉·恩格尔 (Nelly Engel, geb. Thieberger, 1892?~1977), 犹太教经师卡尔·蒂伯格之女, 格尔特鲁德·乌尔齐迪尔和弗里德里希·蒂伯格的妹妹, 是布拉格多家犹太妇女组织成员。在一战的后几年, 她接手了犹太复国主义周刊《自卫》的主编工作。

资料来源: Nelly Engel, "Erinnerungen an Franz Kafka". In: *Neue Zürcher Zeitung* 193, Nr. 434 (Fernausgabe Nr. 256), (17. 9. 1972), 第 53 页。

91. 卡夫卡曾于 1916 年 7 月 2 日至 24 日期间在马林巴德逗留, 头十天是与菲莉丝·鲍尔一起。

92. 格尔特鲁德·乌尔齐迪尔（Gertrude Urzidil, geb. Thieberger, 1898~1977）1922 年
与作家约翰内斯·乌尔齐迪尔（Johannes Urzidil）成婚，她本人也是作家，创作
体裁以诗歌为主。

资料来源：Gertrude Urzidil, "Erinnerungen an Franz Kafka". In: Maria Luise Caputo-
Mayr, *Franz Kafka*. Eine Aufsatzsammlung nach einem Symposium in Philadelphia.
Berlin, Darmstadt: Agora, 1978, 第 3–4 页；英文版标题为 "My Personal Meetings
With Franz Kafka", In: *Journal of Modern Literature* 6 (1977), 第 446–447 页。

93. 普罗斯佩·梅里美创作的剧本《卡门》结尾一句话。

94. 弗里德里希·蒂伯格（Friedrich Thieberger, 1888~1958）跟随奥古斯特·绍尔
（August Sauer）学习日耳曼学，后成为文理中学教师。身为犹太教经师之子，他
精通希伯来语，但主要是宗教经典所使用的书面语。因此，他在犹豫了一段时间
后才答应给卡夫卡上课，因为后者更多是想学习日常使用的新希伯来语。

资料来源：Friedrich Thieberger, "Erinnerungen an Franz Kafka". In: *Eckart* 23,
Heft 10/12 (Okt.– Dez. 1953), 第 49–53 页。

95. 勘误：应为散文集《观察》，参见前面蒂伯格妹妹的回忆。

96. 卡夫卡在 1922 年 3 月 1 日的日记中也曾提到这次观看演出的经历。参见 TT3 第
223 页。

97. 指的是朵拉·迪亚曼特。

98. 伊日·莫迪凯·兰格（Georg/Jiří Mordechai/Mordechai Georgo Langer, 1894~1943）
是布罗德的远亲，很早便背叛自己被捷克人同化的中产阶层家庭，坚定地投身于
哈西迪犹太教信仰，曾一度寄身于加利西亚一位神秘拉比的府中。后来，他把
自己的经历和奇遇编写成书：《九重门，加西迪犹太教的秘密》（*Neun Tore: Das
Geheimnis des Chassidismus*，德文版于 1959 年首次问世，München-Planegg 出版
社）。卡夫卡一度向其学习希伯来语，二人大概是于 1915 年夏天彼此相识的。

资料来源：*Hege* (Tel Aviv), 23. 2. 1941, 第 256 页。原文为希伯来语，由 Anne
Birkenhauer 翻译。

99. 欧根·蒙特（Eugen Mondt, 1888~1983），记者，作家。

资料来源：Eugen Mondt, "Franz Kafka". In: "München-Dachau, ein literarisches

Erinnerungsbüchlein". (Typoskript: Stadtbibliothek München, Handschriften-Abteilung. Nachlaß Eugen Mondt), 第 42–44 页。

100. 1916 年 11 月 10 日，卡夫卡在慕尼黑汉斯·戈尔茨（Hans Goltz）艺术沙龙举办的"新文学之夜"活动上朗诵了当时尚未公开发表的短篇小说《在流放地》。参见 KuR I 第 117 页及下页。

101. 勘误：卡夫卡当晚朗诵的作品应为《在流放地》。

102. 卡夫卡把这次慕尼黑朗读会当成了和菲莉丝·鲍尔约会的机会。

103. 马克斯·普尔弗（Max Pulver, 1889~1952），瑞士作家，出生于伯尔尼，1914 至 1924 年生活在慕尼黑，与诗人里尔克相熟。从 1918 年起从事笔迹学研究。其创作的文学作品以诗歌和戏剧为主。

　　资 料 来 源：Max Pulver, "Spaziergang mit Franz Kafka". In: Max Pulver, *Erinnerungen an eine europäische Zeit*. Zürich: Orell Füssli, [1953], 第 50–57 页。

104. 勘误：弗朗茨·布莱于 1915 年受德国作家保护协会委托颁发冯塔内文学奖，并确定卡尔·斯特恩海姆（Carl Sternheim）为获奖者，但他成功说服后者让卡夫卡也加入进来，并为其作品《变形记》颁发奖金。

105. 勘误：卡夫卡患病是在近一年之后。

106. 弗里德里希·费格尔（Friedrich Feigl, 1884~1965）1894 年进入老城文理中学，比他的哥哥卡尔、与卡夫卡同窗三年的同学晚一年。弗里德里希后来又复读了一年，两兄弟于 1895/96 年离开学校。卡夫卡后来回忆起这两兄弟时，似乎经常把二人搞混。他在 1916 年给未婚妻菲莉比·鲍尔的信中提到弗里德里希·费格尔时写道："我几乎不记得他在学校时的样子了。如果努力回想的话，我只想起坐在最后一排的一个学习很差、个头很高的形象，但我不能确定那是不是他。"（F 第 689 页）后来，弗里德里希·费格尔成为卡夫卡十分欣赏的前卫画家，后者在与菲莉比·鲍尔通信中多次提起他，主要是因为他和卡夫卡的未婚妻一样，也生活在柏林。后者曾经受卡夫卡委托，找弗格尔买画。

资料来源：Josef Paul Hodin, "Erinnerungen an Franz Kafka". In: *Der Monat* 1, Nr. 1–9 (Juni 1949), 第 89–96 页，尤其参见第 89 页及下页。英文版 "Memories of Franz Kafka. Notes for a definite biography, together with reflections on the problem of decadence", In: *Horizon* 17, Nr. 18 (1948), 第 26–45 页。

107. 接送卡夫卡的是家里的一位女佣，而不是他母亲，因为后者要在店铺里给丈夫帮忙。参见 TT1 第 17 页及下页。

108. 1916 年 8 月，卡夫卡请菲莉比·鲍尔到柏林去找费格尔，挑选一张画作为新婚礼物送给自己的一位表亲（参见 F 第 683 页），他事先在信中和费格尔谈好了这件事。

109. 玛丽亚姆·辛格（Irma/Miriam/Mirjam Singer, 1898~？）在第一次世界大战期间在布拉格投身于东加利西亚难民儿童的救助工作。1919 年她出版了犹太童话集《被关起来的书》（*Das verschlossene Buch*, Verlag R. Löwit），马克斯·布罗德为其撰写了后记。她于 1920 年移民巴勒斯坦，生活在达加尼亚（Degania/Daganyah）基布兹。资料来源：Miriam Singer, "Begegnungen mit Kafka". In: *Die Horen* 19 (1974), 第 83–84 页。

110. 哈尔穆特·宾德（Hartmut Binder）认为朵拉·格里特（Dora Geritt）便是奥尔加·斯杜德（Olga Stüdl），她是卡夫卡 1918 年 11 月第一次去什莱森疗养时的旅馆老板娘。参见 Hartmut Binder, *Kafka in neuer Sicht*, Stuttgart 1976, 第 423 页。资料来源：Dora Geritt, "Kleine Erinnerungen an Franz Kafka". In: Max Brod, *Franz Kafka. Eine Biographie (Erinnerungen und Dokumente)*. Prag: Verlag Heinr. Mercy Sohn, 1937, 第 285–287 页；最早刊登于 *Deutsche Zeitung Bohemia* (Prag) 104, Nr. 50 (27. 2. 1931), 第 6 页。

111. 指的是敏泽·艾斯纳（Minze Eisner），卡夫卡的确和她保持了长时间通信，参见 Br 第 256 页及下页。

112. 资料来源：Peter Engel, "'Warum lassen Sie die arme Fliege nicht in Ruh' ...'. Bisher unbekannte Erinnerungen an den Dichter Franz Kafka". In: *Neue Zürcher Zeitung* (5. 8. 1985), Nr. 178, 第 14 页。

113. 古斯塔夫·雅诺施（Gustav Janouch, 1903~1968），卡夫卡同事古斯塔夫·库巴萨（Gustav Kubasa）的儿子，和卡夫卡大概相识于 1919 年。他于 1951 年首次出版的《卡夫卡谈话录》（1968 年出版增订本）引起了很大反响，但其真实性受到很多人的质疑。目前已经证实，它的内容（尤其是增订本）大部分都是虚构的。资料来源：Gustav Janouch, "Erinnerungen an Franz Kafka". In: *Die Neue Rundschau* (Frankfurt/

M.) 1951, 第 49–64 页, 尤其参见第 49 页和 63 页, 以及 "Die Feuerprobe". In: Gustav Janouch, *Prager Begegnungen*. Leipzig: Paul List, 1959, 第 93–120 页, 尤其参见第 94 页和 100 页及下页。

114. 卡夫卡于 1920 年 12 月动身前往马特里阿尼做短暂疗养, 并在那里待到 1921 年 8 月底。

115. 罗伯特·克罗普施托克 (Robert Klopstock, 1899~1972), 出生于匈牙利栋博堡 (Dombovár), 在马特里阿尼疗养时认识了卡夫卡。卡夫卡在 1921 年 2 月从疗养院给妹妹奥特拉的信中写道: "我这边还有两个年轻人, 一位科希策人和一位布达佩斯人, 他们真的称得上是我的朋友。比如说, 我眼下在床上躺了三天, 那位布达佩斯人, 他是医学专业的学生, 在晚间九点的时候还会从主楼跑过来, 认真地给我做 (其实并不必要的) 冷敷。我想要什么, 他们都会拿给我, 或想办法帮我解决, 总是认真而迅速, 且不厌其烦。"参见 O 第 108 页。克罗普施托克因为肺病而中断了在布达佩斯大学的医学课程, 从 1922 年起在布拉格继续学业。他曾于 1923/24 年冬天在柏林拜访卡夫卡, 后来又在布拉格照顾好友, 更重要的是, 在卡夫卡在基尔林疗养院去世前的几周, 他一直陪伴在其左右。

资料来源: 罗伯特·克罗普施托克在《卡夫卡全集》(Max Brod, Frankfurt: S. Fischer, 1958) 筹备过程中所提供的说明和解释, 由纽约 Schocken 出版社记录。

116. 《女歌手约瑟芬》是卡夫卡 1924 年 3、4 月份去疗养院之前在布拉格逗留的短短三周内完成的 (参见 Br 第 521 页, 注释 12)。卡夫卡将其作为第四个短篇收入了小说集《饥饿艺术家》, 克罗普施托克在文章最后一段所提到的修订校样一事, 指的便是这本书。

117. 弗雷德·贝伦斯 (Fred Bérence, 1889~?) 是出生于瑞士的法语作家, 在布拉格生活期间在商学院和技术大学任教。

资料来源: Fred Bérence, "Deux soirées avec Franz Kafka". In: *Les Nouvelles Litteraires* (Paris) Nr. 962 (10. 1. 1946), 第 1 页及下页, 由 Jean- Marc Rouchouse 翻译。

118. 卡夫卡在 1921 年 9/10 月给克罗普施托克的一封信中写道: "昨天我还参加了一个聚会, 大家聚在一起, 听一位新晋的年轻朗读者朗诵……后来, 我因为身体虚弱又待在了咖啡馆，神经颤抖着回到家。如今我连人们的目光都已无法忍受（并不是因为讨厌人群，而是人们的目光，他们的存在，还有坐在那里望过来的样子，这一切都对我来说实在太过强烈了）。"参见 Br 第 357 页。哈尔穆特·宾德认为，卡夫卡这里指的是罗妮·拉佩尔 – 施蒂希（后来的福克斯太太）举办的一场私人朗读会。参见 Hartmut Binder, *Prager Profile*, Berlin 1991, 第 67 页及下页。

119. 卡夫卡不大可能像贝伦斯所说，在 1924 年 3 月 17 日至 4 月 4 日在布拉格短暂逗留期间去出席一场公开活动。贝伦斯这里所说的很可能是此前由路德维希·哈尔特举办的一场演出，后者在这次演出中将贝伦斯后面提到的卡夫卡小说《十一个儿子》列入了节目单。

120. 阿尔弗雷德·沃尔芬斯泰因（Alfred Wolfenstein, 1883~1945）是《行动》（*Die Aktion*）和《白色树叶》（*Die weißen Blätter*）两份刊物的工作人员，曾一度生活在慕尼黑和柏林。

资料来源：Alfred Wolfenstein, "Letzte Begegnung mit Franz Kafka". In: *Die Ernte. Ein Sammelheft jüdischer Dichtung*. Hrsg. Von Adolf Chajes. Unter Mitarbeit von Sch. Ben-Chorin. Jerusalem: Manfred Rothschild Verlag, 1936, 第 3–5 页。

121. 《女歌手约瑟芬》发表于 1924 年 4 月，卡夫卡当时已经离开了布拉格。他的几部长篇小说都是在他去世后出版的。

122. 普阿·门策尔 – 本 – 托维姆（Puah Ben-Tovim, 1904~1991）在第一次世界大战期间在巴勒斯坦学习德文，1921 年在耶路撒冷高中毕业，之前往布拉格，在大学攻读数学专业。在布拉格期间，她与犹太复国主义者圈子有着密切交往。大约于 1922 年春天，她结识了卡夫卡，并从 1922/23 年冬天开始为后者教授希伯来语课程。1923 年，她在柏林进修社会教育学期间遇到了后来的丈夫、教育学家门策尔，后来和他一起回到了巴勒斯坦。资料来源："Pouha Menczel: 'J' Etais Professeur D' Hebreu de Kafka'". In: *Libération*, 2. /3. 7. 1983, 第 19–20 页，由 Jean-Marc Rouchouse 翻译。

123. 卡夫卡因为疾病原因于 1922 年 7 月 1 日办理了临时退休手续。

124. 蒂勒·瑞斯勒（Tile/Tilla Rössler, 1907~1959）是一个东欧犹太家庭年龄最小的孩子，这家人是在一战爆发时来到柏林。遇到卡夫卡时，她正在约罗维奇

（Jurovics）书店打工。后来，她跟随德国女舞蹈家格雷特·帕鲁卡（Gret Palucca）学习现代舞，之后在后者开办的德累斯顿舞蹈学校担任教师。为了躲避纳粹的迫害，她移民巴勒斯坦，在当地从事舞蹈教育家和编舞的工作。资料来源：格雷特·帕鲁卡未公开发表的回忆录。

125. 希伯来语"kadosch"音译，意为赐福，神佑。

126. 希伯来语"Chawerim"音译，意为朋友，伙伴。

127. Siddur，犹太祷文集。

128. 参见 Br 第 439–441 页。

129. 朵拉·迪亚曼特（Dora Diamant/Dymant, 1898~1952），出生于波兰罗兹省布札希尼市（Brzezin），来自一个犹太教正统派家庭。在第一次世界大战期间迁到布雷斯劳（波兰弗罗茨瓦夫），后移居柏林。卡夫卡在 1923 年与妹妹艾莉一家到米里茨度假时与其结识。当卡夫卡决定搬到柏林居住后，两人从 1923 年 9 月起开始同居——先是在柏林，然后是在不同地方的疗养院——直到卡夫卡去世。

资料来源：Josef Paul Hodin, "Erinnerungen an Franz Kafka". In: *Der Monat* 1, Nr. 1–9 (Juni 1949), 第 89–96 页，尤其参见第 91–95 页。英文版："Memories of Franz Kafka. Notes for a definite biography, together with reflections on the problem of decadence". In: *Horizon* 17 (1948), Nr. 18, 第 26–45 页。以及 Marthe Robert, "Dora Dymants Erinnerungen an Kafka". In: *Merkur* VII, Heft 9 (Sept. 1953), 第 848–851 页，尤参第 850 页及下页。

130. 勘误：应为罗斯托克。

131. 参见 TDE 第 165–208 页。

132. 菲莉丝·鲍尔，卡夫卡曾与其两次订婚。

133. 随着病情的不断恶化，卡夫卡不得不于 1924 年 3 月离开柏林，先是回到了布拉格。朵拉·迪亚曼特在当年 4 月随他一起去了维也纳森林的疗养院。

134. 罗特劳特·哈克米勒（Rotraut Hackermüller）确认这位与卡夫卡同屋的病人名叫约瑟夫·施拉默尔（Josef Schrammel）。参见哈克米勒摄影集和相关文字：R. Hackermüller, *Das Leben, das mich stört*. Wien/Berlin: Medusa Verlag, 1984, 第 114 页及下页。

135. 勘误：这里指的应当是两个妹夫。

136. 应当是指卡夫卡用于交流的便笺纸。因为卡夫卡在临终前最后几周因喉头患病而说话困难，被医生要求噤声，所以只能用文字和周围人交流。

137. 卡夫卡修订的是小说集《饥饿艺术家》的最初校样，这本书于三个月后由 Die Schmiede 出版社推出。

138. 拉乌尔·豪斯曼（Raoul Hausmann, 1886~1970）与理查德·许尔森贝克一起于 1920 年 3 月 1 日至 2 日在布拉格举办达达主义巡回展。这两天晚上，活动均以骚乱告终。媒体对此进行了详细报道。

    资料来源：Prager Nachrichten Mai/ Juni 1960 Genauer!

139. 资料来源：Eric Gottgetreu, "They knew Kafka". In: *Jerusalem Post* (14. 6. 1974)。由 Roger Hermes 翻译。

140. 指的是格奥尔格·齐美尔的著作《伦勃朗：一篇艺术哲学论文》，卡夫卡于 1923 年 11 月底 /12 月底初在沃尔夫出版社订购了这本书，大概于 1924 年初收到。参见 KW 第 59 页及下页。

141. 路德维希·哈尔特（Ludwig Hardt, 1886~1947）是那个时代最伟大的文学朗诵家之一。他与卡夫卡之间的友谊大概可以追溯到 1921 年的一次布拉格文学朗读夜活动。1921 年 10 月，哈尔特第一次在布拉格朗读了卡夫卡作品。KuR I 第 129 页及下页。

    资料来源：Ludwig Hardt, "Erinnerung an Franz Kafka". In: *Die Fähre* 2 (1947), 第 75–78 页。

142. 1916 年底到 1917 年春，卡夫卡在城堡区的布拉格炼金术士巷完成了《乡村医生》小说集中的作品，但是他的长篇小说并不是在这里完成的。卡夫卡的房屋管理员是祖申卡·威滕格洛瓦（Ršuzenka Wettenglová），"一位矮小驼背的捷克卖花姑娘"。参见哈尔穆特·宾德的相关解释，O 第 171 页及下页。

143. 参见 FK 第 69 页及下页。

144. 参见 TZF 第 171 页。

145. 哈尔特大概记忆有误，他于 1921 年才与卡夫卡相识。

146. 资料来源：Willy Haas, "Franz Kafkas Tod". In: *Der Tagesspiegel* (Berlin) 9, Nr. 2497

(25. 11. 53), Beiblatt, 第 1 页。

147. 勘误：《饥饿艺术家》的出版时间是 1922 年春，也就是卡夫卡去世两年之后。

148. 鲁道夫·凯泽尔（Rudolf Kayser, 1889~1964）于 1918/19 年加入 S. Fischer 出版
社，1922 年起担任文学杂志《新展望》主编。卡夫卡短篇小说《饥饿艺术家》发
表于该杂志 1922 年十月号。凯泽尔在这里提及的对卡夫卡的拜访发生在 1924 年 2
月的柏林。

资料来源：Rudolf Kayser, "Franz Kafka". In: *Die Neue Rundschau* (Berlin) 35,
2. Bd. , Heft 7 (Juli 1924), 第 752 页。

149. 格尔蒂·考夫曼（Gerti Kaufmann, geb. Hermann, 1912~1972）是卡夫卡大妹妹艾
莉的女儿。舅舅卡夫卡在 1915 年 10 月的日记中提到过她："格尔蒂被癫子吓了一
跳……"（参见 TT3 第 110 页）。

资料来源：Gerti Kaufmann, "*Erinnerungen an Franz Kafka*".In: Max Brod, *Der
Prager Kreis*. Stuttgart u. a. O.: W. Kohlhammer Verlag, 1966, 第 116–118 页。

150. 玛丽·维尔内罗娃"小姐"。

151. 密伦娜·耶森斯卡（Milena Jesenská, 1896~1944），1918 年 3 月与文学家和银行
职员恩斯特·波拉克结婚，大约是在 1920 年春天结识了卡夫卡。两人通过频繁通
信建立起一段爱情关系。这段关系在 1920/21 冬天结束。因为无论是密伦娜·波拉
克还是卡夫卡都下不了决心，迈出走向共同生活的决定性一步。资料来源：密伦
娜·耶森斯卡致布罗德的信，FK 第 198–200 页。

152. 马克斯·布罗德（Max Brod, 1884–1968），卡夫卡在世时颇有成就的作家，布拉
格德语文学圈核心人物。他与卡夫卡相识于大学期间。两人于 1902 年 10 月 29 日
在布拉格"德意志大学生朗读和演讲大厅"首次相遇，从此建立起亲密的友谊，
一直到卡夫卡去世。对于布罗德来说，两人的友谊并未就此结束。他成为好友留
下的文学遗产的管理人，并作为卡夫卡作品集的第一位编辑，为卡夫卡后来享誉
世界铺平了道路。

资料来源：Max Brod, "Persönliches", FK 第 337–347 页，尤其参见第 337–340 页。

153. 马克斯·布罗德主编的一本文集（Frankfurt/M.: S. Fischer, 1953）。

图书在版编目（CIP）数据

当卡夫卡迎面走来……：一本回忆录 /（德）汉斯-格尔德·科赫（Hans-Gerd Koch）编；强朝晖译. -- 北京：社会科学文献出版社，2024.5
ISBN 978-7-5228-3546-4

Ⅰ.①当… Ⅱ.①汉…②强… Ⅲ.①卡夫卡（Kafka, Franz 1883-1924）- 回忆录 Ⅳ.①K835.215.6

中国国家版本馆CIP数据核字（2024）第080066号

当卡夫卡迎面走来……：一本回忆录

编　　者 / ［德］汉斯-格尔德·科赫（Hans-Gerd Koch）
译　　者 / 强朝晖

出 版 人 / 冀祥德
组稿编辑 / 段其刚
责任编辑 / 阿迪拉木·艾合麦提　陈嘉瑜
责任印制 / 王京美

出　　版 / 社会科学文献出版社·教育分社（010）59367151
　　　　　　地址：北京市北三环中路甲29号院华龙大厦　邮编：100029
　　　　　　网址：www.ssap.com.cn
发　　行 / 社会科学文献出版社（010）59367028
印　　装 / 北京盛通印刷股份有限公司

规　　格 / 开　本：889mm×1194mm 1/32
　　　　　　印　张：8.375　字　数：209千字
版　　次 / 2024年5月第1版　2024年5月第1次印刷
书　　号 / ISBN 978-7-5228-3546-4
著作权合同
登 记 号 / 图字01-2024-1925号
定　　价 / 69.00元

读者服务电话：4008918866